校盐硕士图书系列

MBA 面试通关指南

（精编版）

主　　编　　郭利双　　史晓天
组织编写　　尚德机构管理类联考研究中心
参　　编　　程昕辉　　蒋德敏
　　　　　　肖佳园　　田　红
　　　　　　汤雪菲　　罗莎莎

中国建材工业出版社

图书在版编目（CIP）数据

MBA 面试通关指南：精编版／郭利双，史晓天主编. -- 北京：中国建材工业出版社，2021.1

（校盐硕士图书系列）

ISBN 978-7-5160-3106-3

Ⅰ.①M… Ⅱ.①郭… ②史… Ⅲ.①工商行政管理—研究生—入学考试—自学参考资料 Ⅳ.① F203.9

中国版本图书馆 CIP 数据核字（2020）第 228406 号

MBA 面试通关指南（精编版）
MBA Mianshi Tongguan Zhinan (Jingbian Ban)
郭利双　史晓天　主编

出版发行：中国建材工业出版社
地　　址：北京市海淀区三里河路 1 号
邮政编码：100044
经　　销：全国各地新华书店
印　　刷：北京鑫正大印刷有限公司
开　　本：710mm×1000mm　1/16
印　　张：12
字　　数：200 千字
版　　次：2021 年 1 月第 1 版
印　　次：2021 年 1 月第 1 次
定　　价：48.00 元

本社网址：www.jccbs.com，微信公众号：zgjcgycbs
请选用正版图书，采购、销售盗版图书属违法行为
版权专有，盗版必究。本社法律顾问：北京天驰君泰律师事务所，张杰律师
举报信箱：zhangjie@tiantailaw.com　举报电话：(010) 68343948
本书如有印装质量问题，由我社市场营销部负责调换，联系电话：(010) 88386906

前言

放眼国际人才市场，获得MBA学位的人一般都会成为企业界乃至社会上重量级的人物，甚至被公众视为"商界英雄"。

随着我国经济的发展，企业对MBA人才的需求日益增强，MBA教育随改革开放引入中国。1991年，中国人民大学、清华大学等9所院校成为中国第一批开展MBA教学项目的院校，从此MBA教育不断地为中国企业输入商业人才，MBA考试也越来越热门。

对于MBA考试，很多考生认为只要专心备战全国联考的笔试就可以了。但是随着各院校招录政策的变化，面试成绩占据的比重越来越大，MBA面试对于考生也变得越来越重要。

本书分为三篇，分别为基础理论、材料申请和面试专项。其中，考生需重点了解面试专项中个人面试、小组面试以及英语口语面试的内容。

为了满足广大考生的复习备考需求，我们对国内主要MBA院校近年来的招录情况进行了深入了解，并结合我们多年的培训经验编写了本书，希望能帮助考生轻松备考，通过面试大关。

本书提及的考试时间及招考政策均以2021年管理类联考报考要求为例。各院校的具体招考信息，考生可参考院校最新的招生简章或者报考通知等。

尚德机构管理类联考研究中心

2020年12月

目录

第一篇 基础理论

第一章　MBA 发展历程 ································ 3

　　第一节　MBA 起源 ································ 3
　　第二节　MBA 的中国之路 ································ 4

第二章　报考指南 ································ 6

　　第一节　招考院校 ································ 6
　　第二节　报考条件 ································ 9
　　第三节　定位报考项目 ································ 10
　　第四节　MBA 报考流程 ································ 12

第二篇 材料申请

第三章 MBA 提前批面试申请流程 …… 17
- 第一节 材料准备 …… 17
- 第二节 申请流程 …… 28
- 第三节 面试常见问题汇总 …… 29

第四章 部分院校 MBA 提前批面试申请实例 …… 33
- 第一节 北京大学 …… 33
- 第二节 清华大学 …… 45
- 第三节 中国人民大学 …… 62
- 第四节 北京航空航天大学 …… 73
- 第五节 上海交通大学 …… 84
- 第六节 复旦大学 …… 94
- 第七节 华东理工大学 …… 107
- 第八节 华东师范大学 …… 119

第三篇 面试专项

第五章 MBA 面试概述 …… 133
- 第一节 面试前准备 …… 133
- 第二节 面试流程 …… 136
- 第三节 面试形式 …… 136
- 第四节 面试考官 …… 138
- 第五节 面试评分 …… 140

第六章　个人面试 …………………………………………………… 142

第一节　个人面试的流程 …………………………………… 142
第二节　个人面试常见问题和答题思路 …………………… 144

第七章　小组面试 …………………………………………………… 149

第一节　小组面试的流程 …………………………………… 149
第二节　如何在小组面试中"出彩"？ …………………… 152
第三节　小组面试评价标准 ………………………………… 153
第四节　小组面试的题型 …………………………………… 153
第五节　小组面试常见问题和答题思路 …………………… 155

第八章　英语口语面试 ……………………………………………… 161

第一节　自我介绍指导 ……………………………………… 161
第二节　英语口语面试的基本题型 ………………………… 162

第九章　政治面试 …………………………………………………… 169

第一节　政治面试概述 ……………………………………… 169
第二节　政治面试指导 ……………………………………… 169
第三节　政治面试常见问题和答题思路 …………………… 170

附录　面试真题汇总 ………………………………………………… 172

附录一　个人面试真题汇总 ………………………………… 172
附录二　小组面试真题汇总 ………………………………… 175
附录三　英语口语面试真题汇总 …………………………… 179
附录四　政治面试真题汇总 ………………………………… 180

第一篇

基础理论

工商管理硕士,全称为工商管理类硕士研究生
英文名 Master of Business Administration
简称 MBA

第一章　MBA 发展历程

第一节　MBA 起源

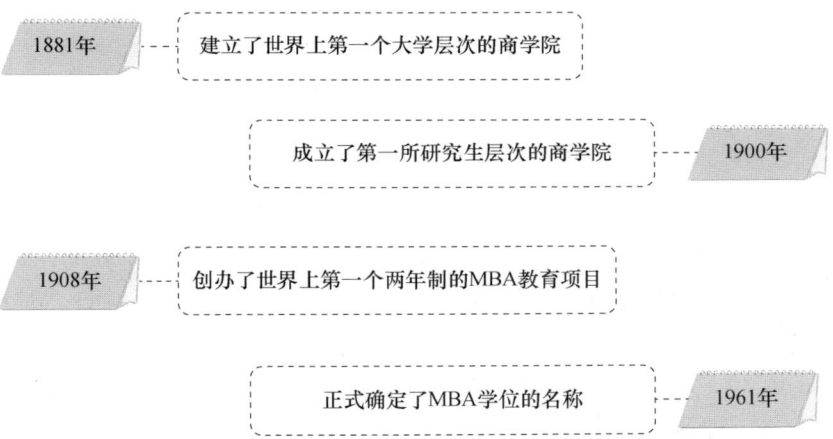

　　MBA 教育最早出现在美国。1881 年，宾夕法尼亚大学建立了世界上第一个大学层次的商学院 —— 沃顿商学院，目的是培养能担任政府和企业重要职位的高级管理人才。1900 年，达特茅斯学院成立了第一所研究生层次的商学院。1908 年，哈佛大学商学院成立，并首先创办了世界上第一个两年制的 MBA 教育项目。1961 年，美国大学管理学院联合会的学位认证标准中，正式确定了 MBA 学位的名称。

　　据统计，美国最大的 500 家公司的总经理、董事长等高层主管，绝大多数都是 MBA。现在，MBA 已经被国内外各界普遍认为是踏入企业高层管理的敲门砖。不同学科背景的有实际工作经验的大学毕业生攻读 MBA 学位的教育模式成为世界管理教育的主要模式。

第二节　MBA 的中国之路

　　1990 年，国务院学位办正式批准设立 MBA 学位并试办 MBA 教育，1991 年，国务院学位办批准 9 所国内高校开展 MBA 教育试点工作，此后，中国内地陆续批准了更多的院校为 MBA 教育培养单位。

　　1994 年 10 月，全国 MBA 教学指导委员会正式成立。1997 年，在国家经贸委的支持下，中国开始了面向国有大中型企业管理人员的在职 MBA 学位招生，并实施了 MBA 入学全国联考。

　　2015 年，取消了在职人员攻读 MBA 入学考试（十月联考），纳入全国硕士研究生统一招生考试，考试时间一般为每年 12 月末，考试科目为"管理类综合能力"和"英语二"两个科目。2016 年，明确规定了全日制和非全日制 MBA 均可获得学历证和学位证。

　　MBA 是我国最早的专业学位。我国研究生教育的重心也将从过去"以学术为主"转向"以应用为主"。

一、我国 MBA 教育的特点

1. 起步较晚，但发展势头迅猛，受国内重视程度高。
2. 开始重视有国际化背景和有企业经验的师资。
3. 国内 MBA 学习费用相对较低。

4. 更具中国特色。

5. 我国的 MBA 教育有全日制和非全日制两种主要的学习形式。

二、我国 MBA 教育改革的方向

1. 采用提前招生的方式，即采取"先面试后笔试"的形式。

2. 采用案例教学，培养复合型管理人才。

3. 聘请跨领域优秀师资。

4. 加强院校和企业间的合作。

5. 严把生源质量。

6. 2017 年起，高级管理人员工商管理硕士（EMBA）统一纳入全国硕士研究生考试招生。

第二章　报考指南

第一节　招考院校

院校的选择是非常关键的一步，选对学校是成功的一半。在选择学校之前，考生要结合自己的实际情况来考虑，例如喜欢的省份、理想的学校，以及自身的能力水平等。按惯例，MBA 专业提前一年报名，下面按地区列出了 2021 年 MBA 招考院校。

北京：

北京大学、清华大学、中国人民大学、北京航空航天大学、北京理工大学、北京师范大学、中央民族大学、中国传媒大学、中国地质大学（北京）、北京外国语大学、北京交通大学、对外经济贸易大学、中国社会科学院大学、商务部国际贸易经济合作研究院、北京科技大学、北京信息科技大学、北京建筑大学、首都经济贸易大学、长江商学院、中国科学院大学、中国政法大学、中央财经大学、中国农业大学、北京邮电大学、北京工业大学、北京工商大学

上海：

东华大学、复旦大学、同济大学、上海交通大学、华东理工大学、上海对外经贸大学、上海财经大学、东华师范大学、上海外国语大学、中欧国际工商学院、上海海事大学、上海理工大学、上海大学、中国科学技术大学上海 MBA 项目

广州：

中山大学、暨南大学、华南理工大学、深圳大学、广东财经大学、广州大学、广东工业大学、广东外语外贸大学、华南师范大学、汕头大学

天津：

南开大学、天津科技大学、天津商业大学、天津大学、中国民航大学、天

财经大学、天津商业大学、天津工业大学、天津师范大学

吉林：

吉林大学、东北师范大学、吉林财经大学、延边大学、长春理工大学、长春工业大学

黑龙江：

哈尔滨工业大学、哈尔滨工程大学、东北农业大学、黑龙江大学、哈尔滨商业大学、黑龙江科技大学、东北石油大学

辽宁：

辽宁大学、东北大学、东北财经大学、沈阳大学、大连理工大学、大连海事大学、沈阳工业大学、辽宁科技大学、辽宁工程技术大学、沈阳理工大学、辽宁石油化工大学

河北：

河北大学、河北地质大学、华北电力大学（保定）、河北工业大学、燕山大学、河北经贸大学、河北工程大学、河北科技大学、石家庄铁道大学

山东：

山东大学、中国海洋大学、中国石油大学（华东）、山东建筑大学、山东财经大学、山东理工大学、山东师范大学、山东科技大学、青岛大学、青岛科技大学、聊城大学

河南：

郑州大学、华北水利水电大学、郑州轻工业学院、河南师范大学、河南理工大学、河南工业大学、河南科技大学、中原工学院、河南大学、河南财经政法大学

山西：

山西大学、太原理工大学、山西财经大学、太原科技大学

陕西：

西安交通大学、西安理工大学、西北大学、西安石油大学、西安工业大学、

西安工程大学、西安科技大学、西安电子科技大学、长安大学、西安财经大学、西安邮电大学、西安建筑科技大学、西北农林科技大学、陕西工商管理硕士学院、陕西师范大学、陕西科技大学

湖北：

武汉大学、华中科技大学、武汉科技大学、武汉工程大学、武汉理工大学、湖北大学、湖北工业大学、华中师范大学、中南民族大学、中南财经政法大学、三峡大学、中国地质大学（武汉）、长江大学

湖南：

湖南大学、中南大学、长沙理工大学、南华大学、湖南工业大学、湖南师范大学、湖南农业大学、湘潭大学

江西：

南昌大学、华东交通大学、东华理工大学、江西理工大学、江西师范大学、江西财经大学、江西科技师范大学

江苏：

南京大学、苏州大学、南京航空航天大学、江苏科技大学、中国矿业大学、东南大学、河海大学、南京师范大学、南京林业大学、南京财经大学、南京邮电大学、南京农业大学、南京理工大学、扬州大学、江苏大学、江南大学、南京信息工程大学、南京工业大学

浙江：

浙江大学、浙江工商大学、浙江财经大学、浙江工业大学、杭州电子科技大学、宁波大学、浙江理工大学、浙江师范大学

安徽：

安徽大学、安徽工业大学、安徽师范大学、安徽财经大学、中国科学技术大学、合肥工业大学

福建：

厦门大学、华侨大学、福州大学、福建农林大学、福建师范大学、闽江学院

云南：

云南大学、云南财经大学、云南师范大学、云南民族大学、昆明理工大学

四川：

四川大学、电子科技大学、四川师范大学、西南交通大学、西南财经大学、西南民族大学、西南石油大学、西南科技大学

重庆：

重庆大学、重庆理工大学、重庆工商大学、重庆交通大学、重庆师范大学、西南大学

贵州：

贵州大学、贵州财经大学

甘肃：

兰州大学、兰州理工大学、兰州交通大学、兰州财经大学、西北师范大学、甘肃农业大学

宁夏＋新疆＋广西＋海南：

青海民族大学、宁夏大学、石河子大学、新疆财经大学、新疆大学、广西大学、广西师范大学、桂林电子科技大学、桂林理工大学、海南大学

第二节 报考条件

从各院校的招生简章来看，工商管理硕士专业（MBA）报考条件根据学历的不同对工作年限的要求也不同：

1. 专科毕业工作五年及以上。
2. 本科毕业工作三年及以上。
3. 研究生毕业工作两年及以上。

除此之外，一般还要求政治思想品德合格、身体健康等。

注：毕业年限是算到考生入学时间的，如本科毕业生报考2021年入学的MBA，需要在2018年8月份之前拿到毕业证书，以此类推。

第三节　定位报考项目

在根据自身的实际情况和各院校的特色选择了目标院校之后,考生还要确定报考项目,看是国际 MBA 项目适合自己,还是普通中文 MBA 更适合自己;是要上在职班,还是要上全日制班;是要选一个特色专业,还是要上一个普通的综合班,这都是考生接下来需要确定的事项。

一、国际 MBA 项目

(一)概念

国际 MBA 项目,是指国外学校与国内学校合作办学,在国内招生,毕业后取得国外学校的工商管理硕士,并且此学位是教育部认可的,学员不出国门就可拿到国外知名学校的工商管理硕士学位。

(二)培养目标

国际 MBA 项目旨在培养能够胜任工商企业和经济管理部门高层管理工作需要的务实型、复合型和应用型高层次管理人才,使就读国际 MBA 项目的学员最终与国际接轨,成为国际化的管理精英。

(三)招生条件

一般来说,国际 MBA 项目的入学门槛较高。首先是对学员的个人资质包括工作背景、管理经验、工作能力、大学成绩等有相应要求;其次是对学员的英语水平有一定的要求,因为其课程 50% 以上是外籍老师全英文授课。

因此,考生若有意向报考国际 MBA 项目,要看清楚目标院校的相关要求,确保自己的硬性条件是符合要求的。

(四)适合报考国际 MBA 项目的人群

综合来看,以下几类人群更适合报考国际 MBA 项目:
1. 世界 500 强企业及各大外企中高层管理精英及储备干部。
2. 赴国外投资创业,开拓国外市场的企业家、创业先锋。
3. 贸易伙伴为英、法、美等国的跨国经营者、管理者。
4. 中国涉外行政事业单位的管理阶层。
5. 有志于跨文化管理实践的青年才俊。

（五）设有国际 MBA 项目的院校

国内招考 MBA 的顶级院校基本都设有国际 MBA 项目。例如清华大学、北京大学、上海交通大学、复旦大学、中国人民大学、对外经济贸易大学、中国政法大学、中央财经大学、厦门大学、浙江大学、南开大学、北京理工大学、中山大学、南京大学、同济大学、武汉大学、兰州大学、中央民族大学、中国农业大学等都设有国际 MBA 项目。

二、全日制 MBA 项目

（一）概念

全日制 MBA 项目，即考生需要放下当前的工作，专心投入学校课堂进行学习。这是一种完全的校园生活方式。

（二）特点

1. 完全的校园生活方式。
2. 根据大部分院校的规定，录取为全日制 MBA 的学生可根据自愿的原则将自己的户口转移至报考院校。
3. 有些国际 MBA 项目只有全日制考生才能报考，比如清华 —— MIT 全球 MBA 项目。
4. 全日制 MBA 项目的学制一般都比在职 MBA 项目的学制短，有两年制和一年制的。

（三）适合报考全日制 MBA 的人群

1. 对当前的工作状态不太满意，想换个新的职业重新开始的年轻人。
2. 从未系统地学习过管理学知识，想通过报考 MBA 对此进行系统全面的学习，提高自己的管理技能和素养的人。
3. 一些学历不太高、工作待遇不太理想，想提升自己的学历，同时获取管理学知识，彻底改变自己当前境遇的人。

三、在职 MBA 项目

（一）概念

在职 MBA 项目，也称为非全日制 MBA 项目，即利用工作空暇时间进行 MBA 学习的一种 MBA 教育形式，国内的 MBA 招考院校基本上都有在职 MBA 项目可供选择。

（二）招考条件

1. 年龄要求：一般要求年龄不超过 40 周岁。

2. 其他要求：比如有些顶级名校可能还会要求专科毕业的考生要有突出的工作业绩等。

（三）学习方式

在职 MBA 项目的学习方式一般分为业余时间上课和集中上课两种方式。

1. 业余时间上课一般都是周末。比如北京航空航天大学是周末两天都上课，但也有晚上加周末上课的，比如中国人民大学是周一至周五晚上和周末都上课，还有如清华大学周末班规定每周周末一天加周末或平时的一晚上课。

2. 集中上课，就是每隔一段时间集中学习。例如清华大学全国英才管理班每两周集中上课一次，上课时间一般安排在周五晚上加周六周日全天。

（四）攻读在职 MBA 的好处

1. 在职 MBA 是升职、跳槽的"好帮手"。MBA 集管理、营销、金融、财务、人力资源、管理沟通诸多领域之大成，是锻炼自己成为工商管理通才的最有效的方法之一。通过 MBA 的学习，考生可以学到先进的管理思想、管理方法，从而能够使自己具备一些成为一个职业经理人必备的素质，开阔自己的视野，是升职、跳槽的"好帮手"。

2. 就读在职 MBA 可带来精英人脉网。读在职研究生的人大都有一定的社会经验和人脉关系，考生在学习过程中可以和来自不同行业和领域的各路精英近距离接触，拓展自己的人脉。

第四节　MBA 报考流程

依照我国 MBA 院校招生政策，目前 MBA 招录方式包括两种：

一、正常批面试

正常批面试，也就是传统的 MBA 招生方式，即考生在选定报考院校后参加年底 12 月份举行的全国联考（包括"管理类综合能力"和"英语二"两个科目），待联考成绩公布后，获得面试资格的考生，按要求参加院校组织的复试，复试通过后获得院校录取资格。具体流程如下图所示。

```
┌─────────────────────────────────────────┐
│ 10月网上报名参加申请院校MBA联考笔试    │
└─────────────────────────────────────────┘
                    ↓
┌─────────────────────────────────────────┐
│ 12月底参加全国MBA项目联考笔试          │
└─────────────────────────────────────────┘
                    ↓
┌─────────────────────────────────────────┐
│ 通过国家分数线或院校自主划定的分数线，获得面试资格 │
└─────────────────────────────────────────┘
                    ↓
┌─────────────────────────────────────────┐
│ 次年3—4月参加报名院校（正常批）面试   │
└─────────────────────────────────────────┘
                    ↓
┌─────────────────────────────────────────┐
│ 通过官网查看是否获得录取资格           │
└─────────────────────────────────────────┘
```

二、提前批面试

提前批面试，简单来说就是"先面试后笔试"，考生需要在规定的时间内申请目标院校组织的 MBA 提前批面试。若申请通过，则获得提前批面试资格，并按相应批次参加面试。如果考生通过面试，则直接获得录取资格，从而只需要在其后的联考笔试中通过国家分数线或院校规定的相应复试分数线即可被最终录取。具体流程如图所示。

目前，我国已有多所知名院校采取提前批面试和正常批面试相结合的招考形式，而清华、北大等一流高校的商学院 MBA 则把提前批面试作为院校录取的唯一途径。基于这样两种招考方式，对于想攻读 MBA 的考生而言，需要根据自身的实际情况选择最适合自己的院校和 MBA 项目。

有些院校采用提前批面试和正常批面试"$n+1$ 模式",例如《中国人民大学 2021 年 MBA 招生简章》规定,招生方式为"4+1"模式,即 4 次提前批面试 +1 次正常批面试。MBA 提前批面试的时间一般为 3—10 月,各大 MBA 院校分为 3~5 个批次进行。考生可以根据自己的情况选择适合自己的批次报名即可。

多所学校都有录取资格保留政策,如北京大学规定:若当年报考北京大学光华管理学院 MBA,成绩未达到国家 A 类线或思想政治理论考试不合格,将保留原项目"预录取"资格至第二年,其后仍须参加全国硕士研究生招生考试和思想政治理论课考试。

(一)申请阶段

在提前批面试阶段,申请是获得面试资格的前提(第二篇将专门用来讲解申请材料的内容)。根据院校的不同,提交的材料也不同,但是申请的流程大致一样,MBA 提前批面试申请的一般流程如下图所示。

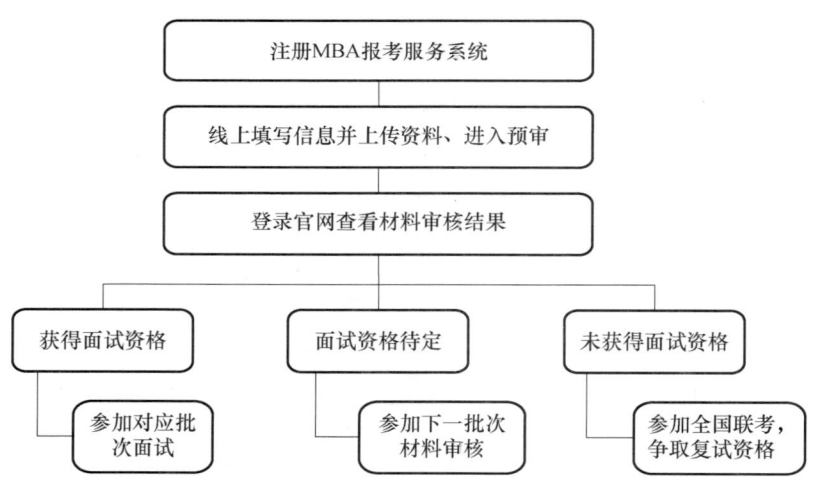

(二)面试阶段

无论是正常批面试,还是提前批面试,在面试当天的基本流程大致是一样的(第三篇将专门用来讲解面试阶段相关的内容),如下面流程图所示。

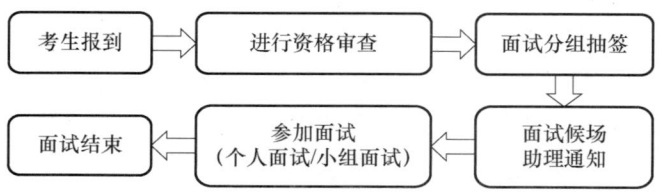

第二篇

材料申请

准备申请材料是 MBA 面试中的首道难关,一个详实、丰富的申请材料会大大提升考生面试成功的几率。不同的院校材料申请的内容会有所不同,本书先综述材料申请的流程,再根据不同的院校分别详细讲解。

第三章　MBA 提前批面试申请流程

第一节　材料准备

每一轮 MBA 申请季，学校都会要求申请者提交形式多样的申请材料，作为 MBA 申请人，除了要对自己的过往经历进行细致的梳理，更应该熟悉自己报考院校需要提交的材料清单，以确保在前期规划的过程中预留充分的时间，做充分的准备，最大限度地保证申请的进度和效率。

考生可以登录目标院校的 MBA 教育中心的官方网站，查看 MBA 申请需要哪些材料。虽然每个院校对申请材料的要求都有所不同，但是大致可分为以下几个部分。

一、成绩单

大部分院校要求成绩单必须为原件，也就是成绩单上要加盖单位公章、毕业院校教务章或人才档案管理公章。如果是专升本，则两个阶段的成绩单原件都需要提供。因此，如果考生不想耽误材料投递批次，应尽早到相应的单位提取成绩单。

注：对于成绩单，各院校还会有各自不同的要求，考生应该提早查看，按要求提交成绩单。提交的成绩单一定要真实。各高校非常看重考生的诚信，一旦发现考生提供的成绩单有作假现象，就有可能会取消考生的面试及录取资格。

成绩单怎么准备？

大部分学校都要求成绩单上加盖红章（不能彩印）。在可以不给原件的前提下尽量不要把原件交给学校，以防之后还有需要用到原件的地方，拿到加盖红章的成绩单的方法有以下两种：

1. 找到毕业院校的教务处，和教务处的老师说自己要考研，需要成绩单。教务处的老师就会给开具成绩单，并加盖学校教务处的红章（个别学校是蓝色，这个无所谓，但是每一份上都得盖章）。

2. 找到自己档案所在人才中心，说明自己要考研，请工作人员从档案袋里取出自己的成绩单，复印并加盖人才中心的红章（每一份都需要红章）。

⊙ 注：成绩单大家准备 5 份就足够了。有的学校或人才中心不能给大家开具 5 份，此时最多能有几份就几份。实际上 3 份就够用了，5 份是为了安全起见。而且用完了可以再开。

《成绩单》样本

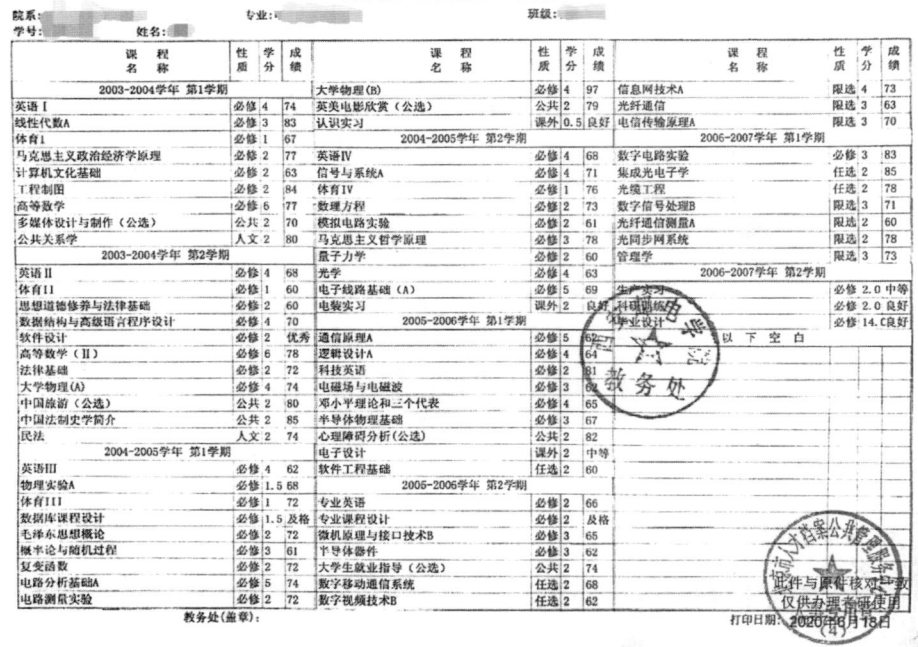

二、个人简历

基本上每所学校的 MBA 项目都会要求申请人提交自己的简历。简历上主要包括个人照片、姓名、籍贯等基本的个人信息，以及教育背景、工作经历、创业经历、获奖内容等。

1. 基本信息

个人信息要填写得真实、准确，尤其是联系电话和电子邮箱一定要确保是可用的，方便目标院校在后期联系考生。

2. 教育背景

教育背景要从最高学历写起，写明起止时间、学校名称、专业、学位等基本情况。在写教育经历的时候，时间上要连贯起来，中间最好不要出现中断。

3. 工作经历

工作经历是各院校最看重的要素之一，考生可以从当前从事的工作写起，采用倒序的方式往前写，主要包括公司简介、工作汇报对象、下属人数、主要职责、主要工作业绩几个方面。

- 公司简介包括公司的名称、性质、资本金、上市情况、人数、营业额、利润额、专利、行业内排名、业务领域、地区等。考生只需要从中选择几个比较重要或突出的点来写。
- 工作汇报对象通常指考生的直属领导，通常要写明工作汇报对象的职位，如"总裁""董事长""总监"等。一般来说，工作汇报对象的职位级别越高，说明考生的职位级别也相对较高。
- 下属人数包括直接管理和间接管理的，如果考生有需要管理的下属，就可以在简历中列出。一般来说管理的下属人数越多，说明考生的职位越高，管理范围和权限越大。
- 主要职责按重要程度依次列举几个即可。
- 主要工作业绩也是工作经历中非常重要的一个方面，考生就自己工作中做出的主要成就、业绩进行简单列举，让考官了解考生的管理技能、管理潜质等。

还有很多院校要求考生提供自己当前所在企业的组织架构图，并要求考生在上面标明自己所处的位置。如果院校要求提供证明人，还要提前跟证明人取得联系，说明相关情况，取得证明人的支持和帮助。

4. 其他

记住一点，和求职简历不同的是，你的 MBA 申请简历除了要涵盖自己的职业经历，还应该列举你获得过的职业资格、奖励和荣誉，以及社区服务、个人生活方面所取得的成就及兴趣。

- 奖励荣誉：以工作中取得的奖励或荣誉为主，列举最重要的奖励或荣誉表彰。
- 学术成果：如论文发表、书籍编撰、文献翻译、发明专利等。
- 社会活动：如献血、捐款、资助、植树、动物保护组织、大学生村干部、公益组织、俱乐部等。
- 国际经历：如学习交流、长时间旅游、参与国际团队、国际项目等。

三、申请短文

申请短文在整个申请材料中所占的比重很大，可以说是申请材料的核心部分。申请短文是评审老师了解考生求学动机、职业规划和职业道德等方面的最重要的材料，也是很多 MBA 招考院校在面试中考官提问的依据之一，因而申请短文的重要作用不言而喻。

（一）申请短文常见问题类型

1. 职业发展规划

职业发展规划是大部分 MBA 招考院校在申请短文中都会问到的问题。MBA 院校希望招到具有管理潜质、明晰的职业规划的考生，并且其职业规划与院校的 MBA 培养定位、培养目标、培养价值相一致。因此，各院校都非常关注考生未来的职业发展规划，不仅在申请短文中往往会提到，在正式面试的时候可能也会再次问及。

2. 成功与失败的工作经历

这是清华大学、北京大学近年来特别青睐的问题，主要是想通过此类问题，来了解考生在过往的职业生涯中的成功或失败的管理案例、经验等，从而判断考生是否具有管理潜质。

3. 攻读 MBA 的价值或原因

了解考生对于攻读 MBA 的价值判断，或者攻读 MBA 的原因，这也是很多院校所关注的问题之一，所有院校都想了解选择本校的 MBA 对于申请人而言是否有足够的价值、是否能够提高申请人的综合管理素养。相对于只是为了解决户口、混一个学历的考生而言，各院校显然更青睐对自己攻读 MBA 有明确的判断、能够将攻读 MBA 与自己的规划结合起来、对于攻读期间的学习有具体而详细规划的考生。

4. 价值观、职业道德

除了管理能力、管理潜质等之外，很多 MBA 招考院校同样非常关注考生的价值观、职业道德等，尤其是国内顶级的 MBA 招考院校，如清华、北大等，它们的 MBA 培养理念便是其所培养的考生既要具备优秀的管理才能和潜质，还要具有正确的价值观、较高的社会责任感和职业道德，在未来走出校园以后，能够在中国的商界做出更大的贡献，提升中国商界管理人才的道德水平，能够充分体现院校的培养目标、实现培养价值。

5. 喜欢读的书、爱好

往年北大光华管理学院主要考查考生对于职业规划的清晰度、过往取得的成绩等，2017年转变为从读书、爱好等方面切入去探究考生的能力。光华管理学院MBA项目努力打造富有人文精神的MBA项目，这一转变，北大的人文情怀在这道题中体现得淋漓尽致。一个人读什么书往往意味着他关注什么，学校希望通过大家看书的类型及感悟来考查大家的思维方式、自我定位及价值观。一个人有什么爱好多半能看出一个人的性格，这种爱好所体现出的人物性格是否是一个管理者所应具备的，这是院校所关心的。

除了上述问题之外，个人攻读本校MBA的优势、个人有哪些独特的经历等，也是部分院校在申请短文中常常提及的问题。

（二）申请短文的写作步骤

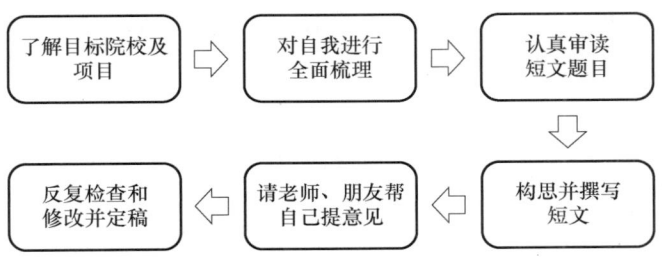

（三）申请短文的指导建议

1. 好材料一定是个性化的，也就是说，材料看起来要有血有肉，并且一看就知道是属于你的经历，而不是其他人的，并不能拿给别人当作模板。

2. 好材料一定要易读、易懂。因为材料评审老师一天要看大量的材料，如果你材料中充满了专业词汇、晦涩难懂的长句，那么评审老师是非常崩溃的，无形中把你的材料给打了折扣，给了低分。所以，一份好的材料读起来一定是非常通俗易懂、朗朗上口的。

3. 好材料的内容是核心。考生要对自己过往的工作经历进行梳理，找到适合写到材料中的亮点。内容为王，这是毫无疑问的。

4. 好材料最好有一些阿拉伯数字、百分比。比如：带队超额3000万完成年度业绩，同比增长45%等等，数字比长篇大论会更有说服力。

四、推荐信

MBA招考院校在进行材料预审时，推荐信也成了重要的参考标准。很多时候，一个行业知名推荐人的推荐信是让考生在众多竞争者中脱颖而出的关键。虽然并非所有院校都强制要求提交推荐信，但是我们建议考生最好也要找1~3个熟悉自己的人评价自己、为自己撰写推荐信。

（一）推荐信的主要内容

关于推荐信的具体内容，每个学校都有自己的模板，考生一定要认真查看招生简章、申请书等相关文件，了解具体要求并下载下来，将模板提前发给推荐人。

综合近年来各个 MBA 招考院校的推荐信模板，大部分 MBA 院校采用了由学校给出问题，推荐人进行回答的形式，避免了推荐人跑题的尴尬。

推荐信中大致包括以下内容：

1. 推荐人的基本信息，如姓名、工作单位、联系方式等

2. 选择题

主要是对考生的领导潜力、责任心、思维决策能力、团队合作能力、沟通能力、影响力、学习能力、创新能力、道德品行等一系列素质与能力进行打分。

选项一般有出众（前 5%）、优秀（前 10%）、良好（高于平均水平）、一般（平均水平）、欠佳（低于平均水平）。

3. 问答题

您与申请人是如何（在何种场合）认识的？认识有多长时间？

请您评价申请人的突出优点和缺点。

申请人的团队工作能力如何（包括他与上级、同级、下级合作的能力）？

其他有利于我们对申请人做出判断的评价。

除上面这几个问题之外，还有部分院校会问推荐人曾给申请人提出的建议、申请人是否符合学校 MBA 的培养目标、申请人是否有能力完成 MBA 学业等等。

4. 推荐人的亲笔签名

（二）选择合适的推荐人

准备推荐信时需要注意两点，一个是信的内容，一个就是推荐人。那么，申请人应该怎么选择推荐人呢？

1. 彼此比较熟悉的人

平时保持着一定频率的往来，熟悉你的近况，了解你的为人与能力，能够对你的优点、缺点进行深入的分析，继而提供有深度的推荐的人。

比如，工作单位与你熟识的上司、大学里比较了解你的教授都是最佳推荐人。他们能提供你在技能、个性、成就等各个方面的例证，这是加重你录取成功的砝码。

2. 有一定公信力的人

领导、教授、业内牛人等资历较深的人，这样的人写出的推荐信更有说服力，也更利于院校评估你的专业能力与综合素质。

3. 优秀校友

寻找目标院校毕业的优秀 MBA 校友是一个非常不错的选择，部分院校也会询问推荐人，是否是本校毕业的，说明这一点对学校评估申请人是有一定权重的。

4. 选择重视并赞同你攻读 MBA 的推荐人

推荐人不必处处对考生青睐有加，但请一定要赞同考生攻读 MBA 项目，否则就失去了"推荐"二字的本意。真正支持你的人，才会愿意花时间和精力为你写出一封好的推荐信。

（三）写推荐信的注意点

1. 与推荐人尽早沟通联系

早点联系对双方来说都好，这避免了万一推荐人反悔，而你没有充足的时间换另一个推荐人的情况发生。

2. 与推荐人面谈

让推荐人感受到你的诚意与重视，同时更高效地沟通该如何写推荐信。

3. 帮助推荐人了解自己

将梳理好的自身的经历和成就，在面谈时与推荐人一起回顾，加深推荐人对你的了解。

4. 帮助推荐人了解所报院校的项目

推荐人可能并不知道哪些内容学校会感兴趣，那么让推荐人了解到学校 MBA 项目与申请流程则必不可少。

5. 引导推荐人该如何写

与推荐人讨论推荐信中的每个环节，告诉推荐人你对推荐信的要求与期望。

总而言之，要将你想要展示的内容尽可能地传达给你的推荐人。让推荐人在写推荐信的过程中没有迷茫，没有困难。

五、其他报考材料

除了上述书面材料之外，部分院校在报考时还要求考生提供身份证、学历学位证书、学历认证报告、创业证明、获奖证明、专利证明、培训证明、相关语言成绩证明；个别院校会要求提供工作年限证明、单位组织架构图、任命报告、时事政治论文等附加材料，考生需要根据自己报考院校的具体要求，提前将材料都准备好。

以下列举几个考生常遇到的问题进行详细讲解。

（一）学历认证流程是什么？

1. 方法一：线下认证

查询网址：https://www.chsi.com.cn/xlrz/201202/20120228/284945923.html

各省市会有代理机构，可做线下认证，周期预计 1 个月。

所需资料根据各省市代理点要求携带。

代理机构	地区	代理机构	地区
北京高校毕业生就业指导中心	北京市	广东省高等学校毕业生就业促进会	广东省广州市
天津市大中专毕业生就业指导中心	天津市（更新中，稍后开通）	深圳市人才交流服务中心	广东省深圳市
河北省教育厅学生就业创业指导办公室	河北省石家庄市	东莞市人力资源协会	广东省东莞市
河北省大学生就业创业协会	河北省石家庄市	浙江省高校毕业生就业指导服务中心	浙江省杭州市
山西省大中专毕业生就业指导服务中心	山西省太原市	广西大学生就业服务中心	广西壮族自治区南宁市
内蒙古自治区高校毕业生就业指导中心	内蒙古自治区呼和浩特市	重庆市大学中专毕业生就业指导服务中心	重庆市
辽宁省高中等教育学历学位认证中心	辽宁省沈阳市	四川省高等学校学生信息咨询与就业指导服务中心	四川省成都市
吉林省大学生就业创业协会	吉林省长春市	云南省大中专毕业生就业服务中心	云南省昆明市（更新中，稍后开通）
黑龙江省大学生就业创业指导中心	黑龙江省哈尔滨市	贵阳市人才交流中心	贵州省贵阳市（更新中，稍后开通）
上海市学生事务中心	上海市	陕西省高等学校毕业生就业服务中心	陕西省西安市

2. 方法二：网上申请

申请网址：https://www.chsi.com.cn/xlrz/index.jsp

(1) 选择"网上申请"

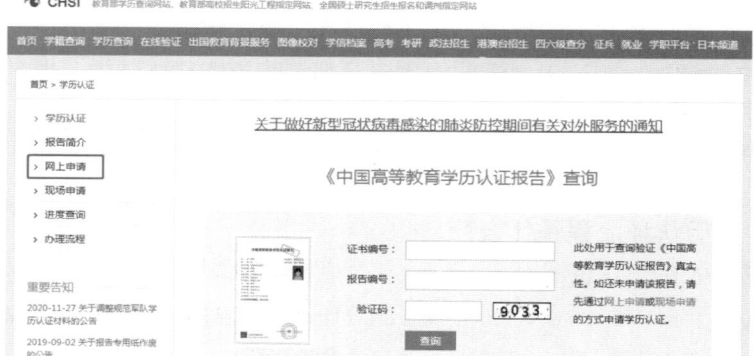

（2）点击"居民身份证入口"

网上申请　　　　　　　　　　　　　　　　　　　　　　　　×

请选择以下身份证件进行网上申请

（3）登录或注册

（4）按照要求进行提交

《教育部学历证书电子注册备案表》样本

教育部学历证书电子注册备案表

更新日期：2012年5月28日

姓　　名	张三				
性　　别	女	出生日期	1979年7月10日		暂无照片数据
入学时间	1998年9月1日	毕业时间	2001年7月1日		
学历类型	普通	学历层次	专科		
毕业院校	北京林业大学	院校所在地	北京市		
专业名称	商品花卉	学习形式	普通全日制		
证书编号	1002 2120 0106 9999 99	毕结业结论	毕业		
在线验证	0908 8869 3519 在线验证码	微信扫一扫，使用小程序 1、扫码获取"学信网报告在线验证"小程序	小程序扫一扫，在线验证 2、使用小程序扫码验证		

注意事项：

1、备案表是依据《高等学校学生学籍学历电子注册办法》（教学[2014]11号）对学历证书电子注册复核备案的结果。

2、备案表内容验证办法：①点击备案表(电子版)中的在线验证码，可在线验证；②登录中国高等教育学生信息网"在线验证系统"，输入在线验证码进行验证；③使用"学信网报告在线验证"的微信小程序，进行扫码验证。为防止出现假冒报告，请使用该小程序扫描验证，不要用其他第三方扫描程序。

3、备案表内容如有修改，请以最新在线验证的内容为准。

4、备案表内容标注"＊"号，表示学历信息该项内容不详。

5、未经学历信息权属人同意，不得将备案表用于违背权属人意愿之用途。

6、报告在线验证有效期由报告权属人设置（1~6个月），其在报告验证到期前可再次延长验证有效期。

（二）英文四、六级证书丢失怎么办？

如果丢失，可以在网上申请补办，网址为：http://chaxun.neea.edu.cn/。费用为 20 元。

（三）学校对工作年限证明有什么要求？

1. 公司开具的工作年限证明

一般开具的内容需要强调在某行业工作多少年，即自己的工作年限。有的公司可能不能给开具类似证明，那就选择另外两种方式。

2. 完税证明

开具方式有两种，一种是公司给开具，另一种是自己登陆税务局官方网站进行打印。

自己登陆网站的方法给大家一个百度的链接，大家按照此步骤操作即可（https: //zhidao.baidu.com/question/941687151852368132.html）。

完税证明有一个问题需要注意，有个别学校要求完税证明必须有税务局的红色印章（复印黑色的不行）。如果遇到这种情况，就只能去当地税务局办理了，税务局有自助打印的设备，打印出来的证明都会有税务局红章的。

3. 社保证明

去公司所在的人力资源社会保障局自助打印即可（有一些地方有受理网点，大家自己在网上查一下就好），另外，去开证明的时候一定要带身份证原件。

4. 劳动合同

通过提供从第一份工作到现有工作的所有劳动合同证明自己的工作年限。学校一般会审核原件，同时索要复印件进行备份。

在开具证明的时候具体看学校的要求。要求哪一种，我们就提供哪一种，如果没有特殊要求，任意一种都可以。

（四）收入证明如何准备？

对于收入证明的要求，大部分学校认可三种方式。

1. 所在单位人力资源部门开具的收入证明，有单位公章。
2. 工资卡银行流水（不是信用卡），时限一般是一年。
3. 完税证明（具体开具方法前面说过，不赘述）。

大家需要关注的是学校具体要求哪一种方式，如果没有要求，以上三种均可。

（五）单位组织架构图如何准备？

组织架构图体现的是公司的整体组织结构，可以直观地展现出自己的管理层级，这是学校将看到的部分。也即通过一个组织架构图，学校要看到你在整个组织结构当中的重要程度和你所在的层次结构，所以下面三个方向是重点和核心：

1. 你所有下属的结构是怎样的？
2. 公司核心的板块是什么？
3. 你是否在这些核心板块当中。

单位组织架构图样本

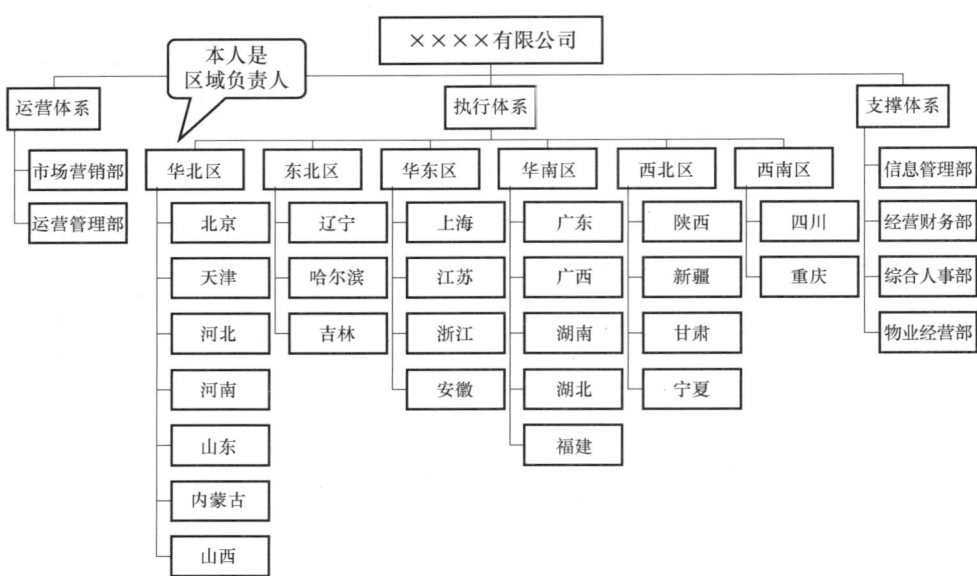

第二节　申请流程

MBA 提前批面试申请的一般流程如下图所示。

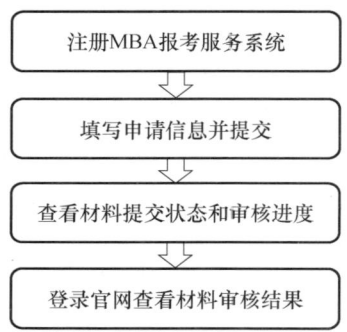

考生提交申请材料以后，一般材料审核结果有"申请通过，获得面试资格"和"申请未通过，未获得面试资格"两种情况，但是也有一些院校还设有"资格待定"的情况。

（一）获得面试资格

获得面试资格的考生，即院校认为考生的背景及工作经历符合院校 MBA 的培养目标和学生定位，故给予面试机会，考生一旦通过提前批面试，就能够直接获得预录取或者有条件录取资格。

（二）未获得面试资格

未获得面试资格的考生便失去当年仅有一次的提前批面试申请机会（个别院校可选择报考其他子项目的申请），但可以继续报考目标院校参加 MBA 全国联考，当联考成绩通过国家线或院校复试线时，依然可获得正常批面试资格。

（三）面试资格待定

只有个别院校设有"面试资格待定"一项，比如清华大学。考生在提交申请后，如果申请的不是最后一批提前批面试，那么材料评审的结果就可能是"待定"状态。面试资格待定的考生还有可能在后续的批次中获得面试资格。到最后一批面试时，所有待定考生都会确定是否获得面试资格。

第三节　面试常见问题汇总

★以下部分信息参考北京大学光华管理学院的常见问题汇总。

一、报考资格相关问题

（一）报考条件中要求的工作经验的年限是如何计算的？

答：报考条件中对不同学历者所要求的工作经验年限是指从获得毕业证书到被录取入学（一般指每年的 9 月 1 日前）期间的全职工作时长。

1. 大学本科毕业后有 3 年或 3 年以上工作经验；
2. 大专毕业后有 5 年或 5 年以上工作经验；
3. 已获硕士学位或博士学位并有 2 年或 2 年以上工作经验。

（二）凭本科毕业证（无学位）可否报考？

答：只要有教育部颁发的本科毕业证书，并且毕业后有 3 年以上全职工作经验即可报考，不要求一定有学位。

（三）专科毕业后，又通过高教自考或成人教育（专升本）获得本科毕业证和学士学位证，以何种身份报考？

答：专升本的考生，获得本科毕业证后工作经验满 3 年以本科身份报考；本科毕业后工作经验不满 3 年的，仍然要以专科身份报考。党校毕业文凭系列中，只有参加全国成人教育考试获得的学历才被承认。

（四）有硕士学位的考生能否报考？

答：已获硕士学位且有两年或两年以上工作经历者可以以硕士学位报考。如果获得硕士学位后的工作经历不满两年，只能以本科身份报考且需要本科毕业后工作经验满 3 年。

（五）获得双学士学位可否按照硕士学位报考？

答：不可以。获得双学士学位也要按本科学历身份报考。

（六）持本科肄业证书或本科结业证书可以报考吗？

答：只有本科肄业证书不能报考，国家承认学历的本科结业生按本科毕业生同等学历身份报考。

（七）已获得港澳台地区或国外本科（硕士）学历学位的考生，可以报考吗？

答：在港澳台地区或国外取得本科（硕士）学历学位的考生须到教育部相关部门进行学历认证，认证通过后，方可以本科（硕士）学历报考，且本科（硕士）毕业后有三年（二年）或三年（二年）以上工作经历。

（八）持成人教育的本科毕业证（无学位证）可否报名？

答：可以报考，但必须在学信网上能查到自己的本科学历信息。只要获得了教育部批准的国民系列教育大学本科（含）以上毕业学历，符合相应报考条件就可以报考（党校系列中只有参加全国成人教育统一考试获得的学历才被认可）。

（九）对现役军人报考有何限制条件？

答：现役军人与其他人员报考资格要求相同，但录取后不转户、不转档。

二、申请和面试相关问题

（一）有 720 分以上 GMAT 成绩或 328 分以上的 GRE 成绩能否直接参加面试？是否需要准备申请材料？

答：720 分以上 GMAT 成绩或 328 分以上的 GRE 成绩的考生可以直接获得面试资格 [仅限清华全球 MBA 项目（全日制）]，但同样需要进行申请材料评审打分；同时在参加面试时，面试老师也会结合考生的申请材料提问，所以同样需要认真按照要求准备申请材料，确认正确填写 GMAT 或 GRE 成绩信息，上传相应的电子版成绩单。

（二）毕业证或学位证遗失，如何准备相关扫描件？

答：毕业证和学位证遗失一般无法补办，但可以申请由毕业院校开具相关毕业证或学位证证明；上传相应证明扫描件（如证明开具时间来不及可先上传学信网的学历认证报告电子版或纸版学历认证报告的扫描件，待相应证明开到后，补提交相应材料给院校 MBA 招生推广部）。

（三）申请提前批面试需要推荐信吗？

答：根据院校要求来准备，有的院校为强制性提交，有的院校为自愿提交。多数院校没有强制要求，自愿选择是否提交推荐信。

（四）推荐信怎么准备？

答：推荐信不用刻意准备内容，大部分推荐信的内容是学校规定好的问题。常见内容有优缺点、工作评价、申请人信息等。你需要选好推荐人。推荐人可选择在学术、行业、政府等方面有一定影响力的权威人士。

（五）选择定向还是非定向？

答：请查阅您所报考的院校官网，在招生简章中院校都会注明，如果未注明可联系院校 MBA/MPA/MPAcc/MEM 招生办公室询问。

区别：

（1）**定向**：不转档案，需要填写定向的就业单位（定向会需要考生在入学时和单位签订定向就业的三方协议，不会对毕业以后的就业产生影响）。

（2）**非定向**：可以自愿选择转档案和户口，或者不转。

（六）如果申请第一批次（或其他批次）提前批面试，没有获得提前批面试资格或有条件录取资格，还可以申请下一批次提前批面试吗？

答：不可以申请其他批次 MBA 项目，申请人同一年度只能参加一次 MBA 项目的申请和面试；同一年度不允许重复申请、重复面试，但不影响次年度的申请。

（七）MBA 考上后是否可以转档或转户口到学校？

答：根据院校规定决定是否可以进行转档案和户口，一般来说户口均为学校集体户，在毕业前半年需要迁出。

（八）可提前准备的常见问题。

1. 中文自我介绍 2 分钟。
2. MBA/MEM/MPA/MPACC 价值与意义，国内发展如何，你有了解吗？
3. 职业成就、业绩、项目、价值贡献、专业能力等，凸显个人优势。
4. 请用 5 个词，概括自己的劣势 / 不足。
5. 报考 MBA/MEM/MPA/MPACC 的原因，通过学习你想收获什么？
6. 你所在行业现状与发展问题（机遇挑战）。

（九）面试回答素材准备与练习：看什么、怎么看。

1. 看什么 —— 推荐"尚德商学院"公众号：

也可以查找与管理类联考相关的其他公众号，里边一般都会有热门行业专业解读，考前试题突击，管理实践分析等，都是大佬们满满的干货分享。

2. 怎么看 —— 简单明了、总分总：

第一步：通读 2~3 遍，求质不求量；

第二步：根据读后感，迅速提炼映入脑海中的关键词、关键点，7~8 个点；

第三步：将关键信息排列组合，并做扩充，搭建自己的表达框架（总分总）。

（十）面试七大风险点提前准备。

1. 职业规划不清晰；
2. 跳槽就像玩游戏；
3. 平台还是真实力；
4. 优势劣势啥潜力；
5. 墨守成规没突破；
6. 行业趋势不了解；
7. 商业热点没关注。

第四章 部分院校 MBA 提前批面试申请实例

第一节 北京大学

★ 以下信息摘自北京大学光华管理学院的官网。

一、招生简介

（一）招生政策

1. 实行"先面试，后考试"的招生方式，即全部申请人需在申请材料提交截止日之前提交申请材料，经过材料评审，择优给予申请人面试资格；通过综合素质面试选拔给予部分优秀申请人预录取资格；参加全国管理类联考后，成绩达到国家 A 类线且北京大学思想政治理论考试成绩合格，可获得初录取资格；通过材料真实性复查、政治审核后即被正式录取。

2. 全日制 MBA 项目、非全日制 MBA 北京项目、非全日制 MBA 深圳项目、非全日制 MBA 西部项目（上课地点：成都）分别独立招生，一旦给予预录取资格或有条件预录取资格，不能做任何项目调整。

3. 获得北京大学光华管理学院 MBA 预录取资格的申请人，在报考北京大学并参加全国管理类联考后，如联考成绩未达到国家 A 类线或北京大学思想政治理论考试成绩不合格，可保留原项目资格至次年。

4. 持有 GMAT 有效正式成绩 700 分及以上或有效 GRE 成绩达到词汇 161 分以上且数学 165 分以上的申请人可以直接获得面试资格。

（二）报考条件

1. 拥护中国共产党的领导，愿为社会主义现代化建设服务，品德良好，遵纪守法。

2. 大学本科毕业后有 3 年或 3 年以上工作经验（2018 年 9 月 1 日前获得毕业证书）；大专毕业后有 5 年或 5 年以上工作经验（2016 年 9 月 1 日前获得毕业证书）；已获硕士学位或博士学位并有 2 年或 2 年以上工作经验（2019 年 9 月 1 日前获得毕业证书）。

3. 身体健康，符合规定的体检标准。

注：申请人在申请提前批面试和全国联考报名前应仔细核对本人是否符合报考条件。凡不符合报考条件的申请人将不予录取，相关后果由申请人本人承担。

（三）招生概况

北京大学光华管理学院 MBA 2021 年招生包含全日制 MBA 项目和非全日制 MBA 项目。

项目	全日制 MBA 项目	非全日制 MBA 项目
培养目标	北京大学光华管理学院 MBA 项目致力于培养有社会责任感和全球视野的高级管理者与未来商业领袖，光华管理学院 MBA 项目借助北大深厚的人文底蕴，系统而创新的课程设置以及丰富的课外活动，使学生了解前沿商业知识，具备跨文化敏感性与人际沟通技能，成为具有在复杂环境下分析解决问题能力的、勇于承担未来挑战的创新型人才	
定位	注重中外学生融合的项目，以培养学生的跨文化沟通能力、立足中国而面向国际的领导和决策能力为目标。适合以跨国公司、国际组织或以开拓全球市场为目标的世界范围内学生报考，年龄一般不超过 30 周岁	为事业处于上升期的业界骨干和自主创业人士提供的项目。以帮助学生进一步拓展思维、开拓视野，强化分析、领导和决策能力为目标。适合于工作业绩突出、职业背景优秀、欲进一步提升事业平台的学生报考
招生名额	40 人	400 人
学制	两年	
学费	18.8 万元（分两年平均缴纳）	39.8 万元（分两年平均缴纳）
学习方式	英文授课	中文授课，可选修部分英文课程
证书	北京大学硕士研究生毕业证书和北京大学工商管理硕士学位证书	
其他	全日制学生户口档案可转入北京大学 具体信息以当年入学通知为准	

★注：表中信息如有变化，以当年招生简章及官网实时通知内容为准。

二、招录流程

北京大学光华管理学院 2021 年 MBA 招生将在全国硕士研究生招生考试基础上全面采用提前批面试形式，具体请按照《北京大学光华管理学院 MBA 2021 年招生时间表》《北京大学光华管理学院 MBA 2021 年申请时间与面试时间表》完成报考步骤。

网址：http://www.gsm.pku.edu.cn/mba/index.htm

（一）北京大学光华管理学院 MBA 2021 年招生时间表

招录步骤	时间	事项
在线注册	全年	北京大学光华管理学院 MBA 项目大陆学生申请系统注册
在线填写申请表	2020 年 3—9 月	所有申请 2021 年北大光华管理学院 MBA 项目的考生在此期间在线填写申请表
申请及面试	2020 年 3—10 月	申请人在线提交申请材料、参加面试、获得预录取资格或有条件预录取资格
全国管理类联考报名	2020 年 10 月	确认本人是否符合报考条件，登录中国研究生招生信息网报名：http://yz.chsi.com.cn 或 http://yz.chsi.cn
全国管理类联考	2020 年 12 月—2021 年 1 月	全国管理类联考（英语二，管理类综合能力测试）
全国管理类联考成绩公布	2021 年 2—3 月	请申请人关注北京大学研究生招生网：http://grs.pku.edu.cn 或北大光华管理学院 MBA 项目网站：http://www.gsm.pku.edu.cn/mba/index.htm
思想政治理论考试	2021 年 3 月	北京大学思想政治理论考试
国家线公布	2021 年 3 月	请申请人关注中国研究生招生信息网：http://yz.chsi.com.cn 或 http://yz.chsi.cn
公布初录取名单	2021 年 4 月	请申请人登录北京大学光华管理学院 MBA 报考服务系统查询
录取复核、调档及政审	2021 年 4—6 月	申请材料真实性核查，北京大学发放调档政审函
发放录取通知书	2021 年 6 月下旬至 7 月	录取复核及政审通过，北京大学将寄发录取通知书及新生报到须知
新生入学报到	2021 年 8 月底或 9 月上旬	新生必须按时报到。无故逾期两周，自动取消入学资格

＊表内信息如有变化，以网站实时通知为准。

（二）北京大学光华管理学院 MBA 2021 年申请时间与面试时间

MBA 提前批面试的申请时间和面试时间会根据全日制项目和非全日制项目有所不同：

1. 全日制 MBA 项目

2021 年全日制 MBA 项目的一轮材料提交最终截止时间为 2020 年 09 月 11 日 13：00，二轮材料提交最终截止时间为 2020 年 09 月 23 日 13：00，申请人必须在此之前在线填写材料，检查无误后直接在线提交。对申请人的材料进行评审后，不设批次、不定期举行面试，建议申请人尽早申请并提交申请材料。

项目	一轮材料提交截止时间	二轮材料提交截止时间	计划面试时间	面试地点
全日制 MBA 项目	2020 年 04 月 30 日 13：00	2020 年 05 月 13 日 13：00	不设批次，不定期举行，招满为止	北京
	2020 年 07 月 10 日 13：00	2020 年 07 月 22 日 13：00		
	2020 年 09 月 11 日 13：00	2020 年 09 月 23 日 13：00		

2. 非全日制 MBA 项目

2021 年非全日制 MBA 北京项目的一轮材料提交最终截止时间为 2020 年 09 月 11 日 13：00，二轮材料提交最终截止时间为 2020 年 09 月 23 日 13：00；2021 年非全日制 MBA 深圳、西部项目的一轮材料提交最终截止时间为 2020 年 08 月 28 日 13：00，二轮材料提交最终截止时间为 2020 年 09 月 09 日 13：00。申请人必须在此之前在线填写材料，检查无误后直接在线提交。对申请人的材料进行评审后，实行滚动预约面试，建议申请人尽早申请并提交申请材料。

项目	一轮材料提交截止时间	二轮材料提交截止时间	计划面试时间	面试地点
非全日制 MBA 北京项目	2020 年 04 月 10 日 13：00	2020 年 04 月 22 日 13：00	2020 年 05 月 16、17 日	北京
	2020 年 06 月 12 日 13：00	2020 年 06 月 24 日 13：00	2020 年 08 月 15、16 日	
	2020 年 08 月 07 日 13：00	2020 年 08 月 19 日 13：00	2020 年 09 月 19、20 日	
	2020 年 09 月 11 日 13：00	2020 年 09 月 23 日 13：00	2020 年 10 月 24、25 日	

续表

项目	一轮材料提交截止时间	二轮材料提交截止时间	计划面试时间	面试地点
非全日制MBA深圳项目	2020年04月15日13:00	2020年04月27日13:00	2020年05月23日	深圳
	2020年07月15日13:00	2020年07月27日13:00	2020年08月22日	
	2020年08月28日13:00	2020年09月09日13:00	2020年09月26日	
非全日制MBA西部项目	2020年04月16日13:00	2020年04月28日13:00	2020年05月30日	成都
	2020年07月10日13:00	2020年07月22日13:00	2020年08月09日	
	2020年08月28日13:00	2020年09月09日13:00	2020年09月27日	

* 申请人的上课地点必须与面试地点一致，一旦提交资料不可修改。

* 面试结果将于面试后的十个工作日公布。

三、申请信息示例

◆ 个人信息

* 个人照片：　　　　　　　　　　* 中文姓名：

* 姓名拼音：　　　　　　　　　　* 性别：

* 出生日期：　　　　　　　　　　* 出生地：

* 籍贯：　　　　　　　　　　　　* 民族：

* 婚姻状况：　　　　　　　　　　* 身份证号：

* 目前居住所在地省：　　　　　　* 目前居住地市：

* 户口所在地省：　　　　　　　　* 户口所在地市：

* 通信地址：　　　　　　　　　　* 邮政编码：

* 办公电话：　　　　　　　　　　* 手机号码：

* 电子邮箱：

请指定一位紧急联系人

* 紧急联系人姓名：　　　　　　　* 与本人关系：

* 手机号码：

家庭成员情况

＊家庭成员称谓：　　　　　　　　　　　　＊姓名：
工作单位（含退休前单位）：　　　　　　　工作职务：

◆ 教育背景

＊最高学历：　　　　　　　　　　　　　　＊最高学位：

最高教育经历

＊院校选择：　　　　　　　　　　　　　　＊时间：
＊学习方式：　　　　　　　　　　　　　　＊专业：
＊专业类别：　　　　　　　　　　　　　　＊专业内排名：
＊本专业人数：　　　　　　　　　　　　　＊学历：
＊学位：　　　　　　　　　　　　　　　　＊学历证书编号：
＊学位证书编号：　　　　　　　　　　　　＊备注：

其他教育经历（最多3条）

＊院校选择：　　　　　　　　　　　　　　＊时间：
＊学习方式：　　　　　　　　　　　　　　＊专业：
＊专业类别：　　　　　　　　　　　　　　＊学历：
＊学位：　　　　　　　　　　　　　　　　＊学历证书编号：
＊学位证书编号：　　　　　　　　　　　　＊备注：

外语能力

英语水平（考试名称）：

其他语种

其他外语考试名称：　　　　　　　　　　　若选择其他语言，请选择语言水平：
获得证书时间：　　　　　　　　　　　　　证书编号：

◆ 工作经验

＊全职工作经验（年）：　　　　　　　　　＊管理岗位工作经验（年）：

当前工作／最近工作

⚠ 注：如您所在的是子公司或分公司，请不要填写上级公司的信息。

＊单位／公司中文名称：　　　　　　　　　单位／公司英文名称：
＊本单位工作开始时间：　　　　　　　　　＊公司地址：
＊公司网址：　　　　　　　　　　　　　　＊公司性质：
＊公司行业：　　　　　　　　　　　　　　＊公司员工人数（当地）：
＊公司员工人数（全球）：　　　　　　　　公司年营业额：

＊是否为上市公司： 上市地点：

＊是否全球500强公司：

＊公司（单位）简介：（请写明所属行业，在业内的位置，经营的时间，业务规模，发展前景等信息。300字以内，每行34字以内）

＊个人职务： ＊所在职位税前年收入：

＊其中基本工资： ＊奖金：

＊其他：

＊职务变动情况：（300字以内，每行34字以内）

＊个人年收入变动情况：（300字以内，每行34字以内）

＊具体职责描述：（300字以内，每行34字以内）

＊您的直接下属人数： 备注：（20字）

您的直接上司

＊姓名： ＊职务：

＊联系电话： ＊是否介意与上级联系：

以往工作

注：请按时间倒序填写，最多填写5条。

公司名称： 起止时间：

性质： 行业：

个人职务：

工作职责：（300字以内，每行34字以内）

证明人： 证明人职务：

证明人联系电话：

◆ 创业经历

公司全称： 公司地址：

公司行业： 公司注册资金：

本人出资额： 本人所占股份：

创办时间： 创办团队人数：

公司员工总数： 本人职务：

具体职责：（300字以内，每行34字以内）

直接下属人数： 最近一年营业额：

证明人姓名： 证明人职务：

证明人联系电话：

公司简介：（请写明所属行业，在业内的位置，经营的时间，业务规模，发

展前景等信息 300 字以内，每行 34 字以内）

◆ 社会活动

活动名称：　　　　　　　　　　起止时间：

所任职务：

活动内容包括您参与的原因及担任的角色等，请体现出您的特质：（不多于 300 字，每行 34 字以内）

◆ 海外经历

！注：请填写 1 个月以上的经历，最多填写 3 条。

原因：　　　　　　　　　　　　国家：

时间：

简述经历及收获：（不多于 250 字，每行 34 字以内）

◆ 其他信息

职业资格

！注：请在书面申请材料中提供所填写信息的证明文件复印件。

所获资格名称：　　　　　　　　获得时间：

有效期至：

获奖与荣誉

！注：包括在校学习及工作期间，请在书面申请材料中提供所填写信息的证明文件复印件。

奖励与荣誉名称：　　　　　　　获得时间：

获奖原因：

◆ 推荐人

* 姓名：　　　　　　　　　　　* 工作单位：

* 职务：　　　　　　　　　　　* 手机：

* 邮箱：　　　　　　　　　　　* 性别：

* 推荐信语言：

四、推荐信格式

◆ 被推荐人信息

被推荐人姓名：　　　　　　　　* 被推荐人职务：

◆ **请回答以下问题**

*1. 您在何种场合认识申请人？认识申请人已有多长时间？（300字以内，限定6行，否则PDF打印将显示不全）

How did you get to know the applicant? How long have you known each other? (less than 800 characters)

【目的分析】考查推荐信的可信度。

【撰写指导】时间、地点，能提炼出推荐人对申请人是否全面了解、申请人的社会层级等信息（建议认识时间不少于5年）。

*2. 如果满分为10分，您对申请人的推荐度为几分？（300字以内，限定6行，否则PDF打印将显示不全）

On a 10-point scale, with 10 representing your strongest recommendation, how strongly do you recommend the applicant? (less than 800 characters)

【目的分析】考查申请人个人素养。

【撰写指导】写明分值、缘由。缘由中要有案例证据证明（注意申请人面试的是北大MBA，综合素养、管理能力缺一不可）。

*3. 您对申请人印象最深刻的一件事是什么？（300字以内，限定6行，否则PDF打印将显示不全）

Based on your experiences with the applicant, what comes to mind as their most impressive characteristic? Please reference one or more specific experiences (less than 800 characters).

【目的分析】考查申请人突出的能力或业绩。

【撰写指导】描述一件事的基本六要素：时间、地点、人物、起因、经过、结果（意义）。要简明扼要，突出申请人的个人商业素养、管理能力、潜力等。

*4. 请用具体事例详述申请人与同位人（同龄或同背景或同职位等）相较的长项和短项。（300字以内，限定6行，否则PDF打印将显示不全）

Using concrete examples, identify some of the applicant's strengths and weaknesses as compared to their peers of a similar age, position or background (less than 800 characters).

【目的分析】考查申请人已有的素养、管理能力以及潜力。

【撰写指导】要求是用具体的事例。一件事的表达基本六要素前一个问题已经回答，此题要求的是对比事件，要在事件中凸显出申请人的长项、短项（一件事件

MBA 面试通关指南（精编版）

即可，不要写得太泛），短项也不能写的太实在，要时刻记住，是要申请北大 MBA 的，短项不能是管理能力不足（可以是个人工作过于追求完美等含褒带贬的词）。

◆ **推荐人信息**

推荐人姓名：　　　　　　　　工作单位：
职务/职称：　　　　　　　　　手机：
邮箱：　　　　　　　　　　　　地址：
邮政编码：　　　　　　　　　　办公电话：
是否为光华校友：

五、申请短文示例

*1. 数载春秋，你已从一名青涩少年成长为职场精英，之前的简历就是这一蜕变的见证。然而，化蝶虽美，但蜕变过程必定更加多彩，请简述你的工作与学习经历，以便我们了解更优秀的你。（不超过 600 字，20 行以内）

【撰写指导】可以从以下两个角度展开叙述：

建议写法 1：时间轴法。从上学到各阶段工作，逐一展现。这种写法对于学历背景突出、工作平台大的学生十分有利。凸显学历背景和工作背景好，工作业绩突出。

建议写法 2：事例展现法。不要一看经历二字，就认为一定按照时间轴来写。尤其整个履历没有那么突出的朋友。那就以事例作为支撑，突出的业绩。两到三个即可。

【短文示例】

我以高考第一名的成绩考入 ×× 大学 ×× 专业，在 ×× 研究所 ×× 实验室完成暑期实践及一年实习。随后三年持续科研，我得到最专业的研究生培训，积累 ×× 研发应具备的几乎所有技术，亲历数个候选产品的筛选和验证。

2012 年 ×× 创办 ××，我决定从研发走进产业。在 ××，我一直努力为产品申请国家及地方研发经费，累积超过 3500 万。

2013 年，经导师推荐我成为 ×× 的一名员工。我主要负责公司运营和业务统筹，先后操持从天使轮至 D 轮共 6 次融资，总规模超 2 亿美金，近期正筹备提交香港 IPO。

2015 年公司从德国买入 ×× 产品，我负责国际合作和大中华区研发管理，实现本土生产后成本较境外厂商降幅约 ××，随即开展相关工作。我现任项目管理负责人，工作直接汇报 CEO，负责 ×× 个产品的研发生产上市，×× 个在售产品年销售额超 3000 万。

我在这里奋斗拼搏 7 年穿越 6 个角色，从 CEO 助理到投资者关系，从生产到临床，从项目管理到联盟，我均可较好地完成各个角色的使命，有形无形间推动企业的健康发展，迈向更有前景的未来。

2018年，我兼任××联盟副秘书长，与政府机关、相关公司密切工作，联盟先后发布国家第一批××目录、××规范、××保障机制研究等，未来我将继续努力为建设××防治与保障健康生态圈贡献自己的力量。

*2. 人生的道路上不可能一帆风顺，请描述一件你帮助他人的事情和一件你得到他人帮助的事情，并分别谈谈你的感受。(不超过600字，20行以内)

【撰写指导】

帮助他人：

①公益事业（有好的，拿得出手的案例可以用）

②帮助属下成长（体现了领导力和团队培养能力）

③帮助其他团队取得成绩（体现胸怀，体现职业性）

得到他人帮助：

①得到领导思想帮助（迷茫，困惑）

②实际工作中他人的业务支持

【短文示例】

帮助下属梳理业务流程，助力项目发展。我司近期引入××产品，该品种有两个"老东家"，且他们的合作不尽如人意；给我们主导的全球研发带来各种挑战，三方合作不畅，信息不对称，无责任人等。我看到下属的困扰，首先我指导他与律师、商务讨论合同边界、权利与义务；其次指导他学习各国对生产的具体要求，重新编制目标；最后分头发起与两个"老东家"JSC会议，实现从策略、计划和时间表上达成三方一致，明确沟通机制和问责制等。随后他通过主抓要点和难点，高效快捷地推进执行，在3个月内成功拿下××批件。

头脑风暴帮我智慧解题。我司产品××品牌推广权属原研方，我提议了更适合中国特色的推广计划，被原研方以不遵循合同原则为由拒绝。一边是法律条款一边是商业绩效，我陷入两难。我的同事提议并设计了头脑风暴，首先邀请项目组成员参与头脑风暴、不受固定思维捆绑，巧妙解题。其次律师和我让对方清晰意识到这是双赢，有××万美元特许权使用费的驱动；再次明确阻力的真正来源，双方商务一对一谈话，展示年内可在中国实现超过××千万的销售峰值，还可完美匹配公司IPO计划；最后，我很顺畅地收到外方的准允，按照我们的提案推进。自己能有今天的成绩得益于大家的帮助，我也希望能够力所能及帮助到其他人，遇到任何问题不要退缩，积极寻求解决方案就会有新突破。

*3. 北大老校长蔡元培先生"循思想自由原则，取兼容并包主义"，影响了

数代北大人。请结合你自身的经历谈一下，对你人生影响最大的一句话或一个人。（不超过600字，20行以内）

【撰写指导】可以从以下两个角度展开叙述：

建议写法1：宏观式写法。可以写一篇形而上学的文章，但前提是对蔡校长的思想有着深刻的理解，并且学员本身文采出众，这样的文章能够给阅卷老师耳目一新的感觉。

建议写法2：微观式写法。建议写一件工作上的事。用一个事例来支撑：事件背景，难度，解决方法，事件后果，有何认识。

【短文示例】

近年来，中国××联盟××会长对我的影响颇深。他是原国家××、中央××干部，退休后成立中国××联盟担任执行理事长。

圈内人熟知几位学者因各成派系已多年无往来，同事多次努力都无法请大家同时与会指导××支付体系的创新搭建。会长坚定信念——健康路上一个都不能少，不放弃患者，不能没有齐心协力的专家组。他亲自且多次邀请，被专家质疑其学术和领导力，他没放弃还更加持久用心的沟通。最终他的坚持渐有成效，为建设适合中国国情的××保障政策排除万难，最终几位派系学者摘掉有色眼镜回归初心，如我们所愿一起合作课题。他的经历告诉我：在质疑声中不要轻易放弃，要坚定自己内心的信念。

2018年C轮融资时投资人有条件增资4千万美元，要求A产品需于2019年年内取得首次××数据方可转账。巨大的压力下我提议中国大陆和台湾地区同时申报，互相借力，当时备受争议。有人说过于激进风险意识薄弱，有人说思路清晰串联变并联省时省资源。我首先是冷静听取各方表达的担忧和提出的潜在风险，其次我带领项目组制定风险规避计划，亲自咨询专家和顾问的看法，另外我与财务确认预算和现金流情况，最后在我的坚持下，带领下属用了两周的时间拿出来一套更完备的计划，终与执行团队达成一致。2019年11月2日实现××，总预算控制在原计划600万美元之内，C轮4000万美元增资如期到账。

*4. 请谈一谈你下一步的职业发展规划。你认为光华MBA对你的规划能带来什么帮助？（不超过600字，20行以内）

【撰写指导】职业规划＋学校帮助。写法很多，可灵活处理。重点是职业规划，写出来的内容要有针对性，要能够落地，而不是空想。

【短文示例】

短期目标：能够在未来3年里完成搭建并推广一套适用于××产品线项目管理体系，并能培养出一支专业的××研发项目管理精英队伍。项目管理是

"虚拟研发""轻资产管理"公司的灵魂，我们不但要组建自己精锐的队伍，还要把项目管理的理念、工作习惯传递输送给其他职能团队。

长期目标：未来8~10年，我的长期职业发展目标也很清晰。利用10年的时间，通过积累理论知识，不断付诸于实践，积累经验，扩展人脉，从而提升个人综合能力水平，在自身擅长的领域继续深耕，提炼和总结出实践的方法论，成为一名具有战略发展眼光的职业经理人，把××的理念和企业文化传承下去，也把自己的人生价值推向下一个高潮。

一方面，北大光华MBA有着完备的课程体系，我希望通过金融、管理、财务、战略等方面的系统学习，搭建完善的管理理论体系，同时积极探索提高领导力的有效途径，拓宽视野格局，提升思想层次，培养战略思维能力，为职业目标的实现奠定坚实的基础。另一方面，依托北大光华MBA这一优质的平台，能够结识各行业的优秀人才，通过交流沟通助力我培养战略性思维及跨界思维。我相信除了学术知识，思维方式及国际化视野都是我能够在贵校积攒的宝贵财富。

第二节 清华大学

★以下信息摘自清华大学经济管理学院的官网。

一、招生简介

（一）招生政策

实行"提前批面试＋国家线录取"的招生方式，即考生先提交材料申请面试，在面试获得条件录取资格后再参加全国联考，只要联考成绩达到国家线即可获得预录取资格。

（二）报考条件

中华人民共和国公民且学历必须符合下列条件之一，否则我们将不能接受您的各项申请：

1. 获得教育部承认的大学本科毕业学历后，到入学时有三年或三年以上全职工作经历者（最迟于2018年9月1日前获得本科毕业证书）。

2. 已获硕士、博士学位，到入学时有两年或两年以上全职工作经历者（最迟于2019年9月1日前获得学位证书）。

⚠ 注：考生持境外获得的学历（学位）证书报考，须通过（中国）教育部留学服务中心认证。

（三）项目设置

项目	清华 MBA 项目（非全日制）	清华全球 MBA 项目（全日制）
特点	清华 MBA 项目提供丰富的专业自选课程，融合了各行各业的管理精英，适合各种职能的中高级管理骨干向高层综合管理者发展，也适合创业者拓展事业。其中，周末上课班能够平衡管理骨干的工作和学习时间；集中上课班更适合高级管理者、京外学生的学习需求。	清华全球 MBA 项目是由清华经管学院和 MIT 斯隆管理学院合办的、兼具清华品格与 MIT 元素、培养全球精英的 MBA 项目。适合希望集中完成学业、进行事业转换和国际化发展的管理精英。
学制和学习方式	清华 MBA 项目采用灵活学制。 一般学生标准的学习进程为： ① 6 个月入学前学习（少量业余时间到校）。 ② 24 个月学校课程（业余时间到校）。 ③ 6 个月毕业报告（可在工作岗位完成）。 学校课程学习阶段上课时间： 周末班：每周周末一天 + 周末或平时的一晚来校学习。 集中班：每两周集中上课一次，每次周五晚上 + 周六、日全天。	① 12 个月必修课学习：第一年必修课阶段为整班全日制学习。 ② 6 个月选修课学习：可根据自己需要选择平时、晚上或周末的选修课程学习，可到海外进行一个学期的交换学习，或者到海外进行为期一年的海外双学位学习。 ③ 6 个月毕业报告：可在校外工作岗位完成。 可以在寒暑假进行实习工作，非定向学习方式且档案迁入的考生可申请学校宿舍。
语言	中文课程为主、可选英文选修课	全英文课程，可选中文选修课
计划招生人数	310 人	80 人（含留学生）
学费	36.8 万元	19.8 万元
证书	清华大学研究生学历证书和工商管理硕士学位证书	清华大学研究生学历证书和工商管理硕士学位证书、MIT 斯隆管理学院课程学习证书

二、申请流程

清华大学 2021 年 MBA 招生将在全国硕士研究生招生考试基础上全面采用提前批面试形式，具体请按照《申请流程图》和《面试批次表》完成报考步骤。

网址：http://mba.sem.tsinghua.edu.cn

（一）申请和面试（2020年3月至11月）

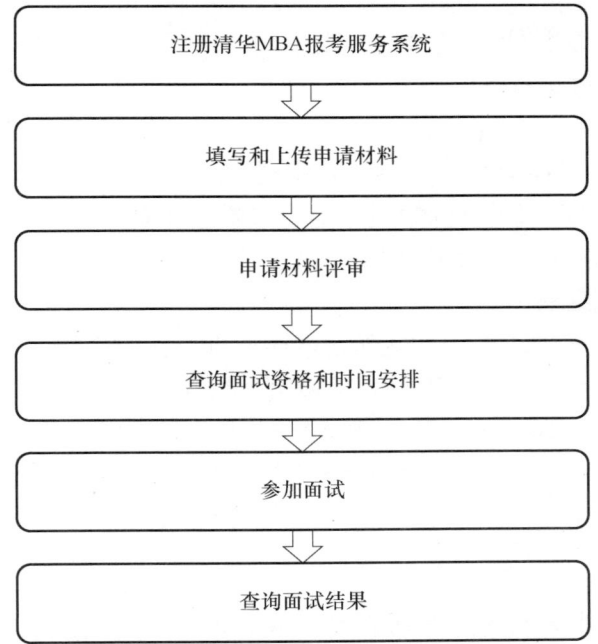

1. 注册清华MBA报考服务系统

MBA报考服务系统全年开放，网址为：http://mbaadmissions.sem.tsinghua.edu.cn

填写申请表时请注意查看系统内的申请指导和每页的填写说明。

2. 填写和上传申请材料

网上提交的申请材料包括：

| 申请书 | 成绩单 | 个人简历 | 收入证明 | 单位组织架构图 | 推荐信（非必需）|

申请材料的具体内容和要求见系统内说明。

考生提交申请材料时需要选择申请面试批次，并在所选批次申请材料提交截止日期前提交。各批次的申请截止时间、面试资格公布时间和面试时间见面试批次表。

3. 申请材料评审

清华经管学院将组织材料评委评审考生申请材料，选出进入面试的考生。不同批次的面试人数视当批申请考生数量和质量决定。在某批面试名额有限时，考生也有可能在后续批次中获得面试机会。

4. 查询面试资格和时间安排

可通过报考服务系统查询，面试资格公布时间见面试批次表。

持有 720 分以上 GMAT 或 328 分以上 GRE 有效正式成绩的清华全球 MBA 项目考生可直接获得面试资格。

5. 参加面试

- 清华 MBA 项目面试内容：综合素质面试（中文）
- 清华全球 MBA 项目面试内容：综合素质面试（中文）+ 英文语言能力测试。

考生在面试报到时进行报考资格查验。

6. 查询面试结果

面试结果将在面试后 10 个工作日内通过 MBA 报考服务系统公布。不同批次的条件录取资格人数视当批申请考生的数量和质量决定。

- 考生申请任意项目获得条件录取资格后不能随意更改录取项目。
- 考生不可以同时申请清华全球 MBA 项目（全日制）和清华 MBA 项目（非全日制），但在申请一个项目没有成功的情况下可以申请另外一个项目。每个项目每年只有一次申请机会。

（二）MBA 联考报名和参加笔试（2020 年 10 月至 12 月）

通过面试获得条件录取资格的考生都需要报名和参加全国管理类专业硕士联考（MBA 联考）。

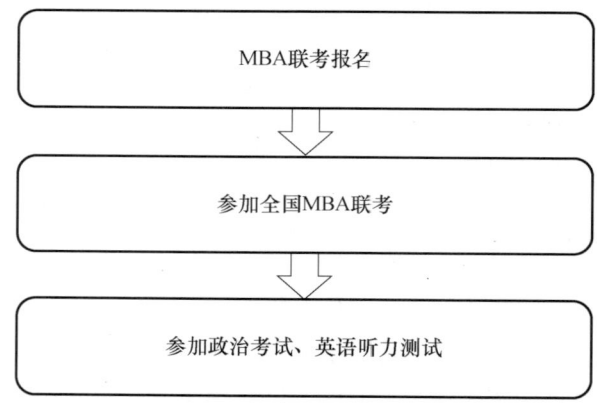

1. MBA 联考报名

全国 MBA 联考报名一般为 10 月 10 日至 31 日，报名具体时间和步骤以教育部和清华大学研究生院当年通知为准。

中国研究生招生信息网网址：http://yz.chsi.com.cn

清华大学研究生招生系统网址：http://yz.tsinghua.edu.cn

2. 参加全国 MBA 联考

全国 MBA 联考考试科目为管理类综合能力和英语二。

考试的内容和具体要求请参考由教育部指定的考试大纲。考试时间以教育部和清华大学研究生院通知为准。

3. 参加政治考试、英语听力测试

考生在参加 MBA 联考后还须参加清华经管学院组织的 MBA 入学政治考试和英语听力测试（清华全球 MBA 项目考生免试英语听力测试）。

注：因为联考后不再组织面试，没有通过提前批面试获得条件录取资格的考生请不要在联考报名时报考清华 MBA 各项目。

（三）预录取（2021年3月）

MBA 联考成绩一般于 2 月公布，国家线于 3 月公布。

MBA 联考成绩达到国家 A 线且通过政治考试和英语听力测试的条件录取资格考生可获得预录取资格。

■ 如果考生当年在清华参加了联考，但成绩未达到国家线，条件录取资格可以保留至第二年。未参加清华 MBA 联考的条件录取考生的资格不予保留。

■ 通过面试获得条件录取递补资格的考生可以在条件录取资格考生放弃或者没有达到国家线的情况下按照联考成绩排序获得预录取资格。最终没能递补成功的考生可在第二年直接获得原项目的面试资格。

（四）正式录取（2021年4月至7月）

预录取考生在档案审查和申请材料真实性审查通过后获得正式录取资格，与清华大学签署培养协议后，将于 2021 年 7 月份收到录取通知书。

（五）入学（2021年8月底至9月初）

2021 级新生将于 2021 年 4 月开始在线课程学习和班级活动，8 月底或 9 月初正式入学。

面试批次表

面试批次	申请材料提交截止时间	面试资格公布时间	面试时间
第一批	6月1日 12：00	6月15日	6月20、21日
第二批	7月10日 12：00	8月10日	8月15、16日
第三批	8月31日 12：00	9月14日	9月19、20日
第四批	10月19日 12：00	10月30日	11月7、8日

⚠ 注：申请第四批面试的考生必须在 2020 年 10 月 10 日至 31 日完成 MBA 联考报名且必须选择清华 MBA，否则不能参加面试。

本通知内容如有变化，以后续内容为准。

三、申请信息示例

◆ 个人信息

*真实姓名：

*性别：

*身份证号：

*出生日期：

*联系电话（座机）：

*手机：

*邮寄地址：

*邮政编码：

*邮箱：

> *一寸照片
> （请使用本人白底证件照片上传，点击照片区域可上传或更新）

请指定一位紧急联系人

*紧急联系人姓名：   *紧急联系人性别：

*紧急联系人电话：

◆ 教育背景

*最高学历：   *最高学历起止时间：

*最高学历院校：   *最高学位：

*最高学历专业：

本科教育经历

⚠ 注：此区只填写本科和专升本的专科阶段教育经历，硕士以上教育经历请在最下方区域填写。

最后的本科院校：   *学习方式：

*学历：   *学位：

*分类：（网页上有选项）   *学历证书编号：

*专业：   *专业类别：（网页上有选项）

*专业内排名/本专业人数：   *学位证书编号：

*在校时间：

*备注：（建议 100 字以内，不能有空行，可以空格缩进和正常换行，如字数

超过请在最终提交页面下载查看 PDF 报名表核查是否显示完全）

本 / 专科教育经历

⚠ 注：此区只填写本科和专科阶段教育经历，硕士以上教育经历请在最下方区域填写。

其他本 / 专科院校：　　　　　　　学习方式：

学历：　　　　　　　　　　　　　学位：

分类：(网页上有选项)　　　　　　学历证书编号：

专业：　　　　　　　　　　　　　专业类别：

专业内排名 / 本专业人数：　　　　学位证书编号：

在校时间：

备注：（建议 100 字以内，不能有空行，可以空格缩进和正常换行，如字数超过请在最终提交页面下载查看 PDF 报名表核查是否显示完全）

硕士以上教育经历

⚠ 注：此区只填写硕士及以上学历。

院校名称：　　　　　　　　　　　学习时间：

学习方式：　　　　　　　　　　　专业：

学历学位：

其他有助于评委评判的信息（建议 300 字以内，不能有空行，可以空格缩进和正常换行，如字数超过请在最终提交页面下载查看 PDF 报名表核查是否显示完全）

◆ **外语水平**

英语水平：

其他语种

考试名称：　　　　　　　　　　　其他语言：

获得证书时间：　　　　　　　　　证书编号：

上传证书扫描：

◆ **职业背景**

＊全职工作经验（年）：　　　　　＊管理岗位工作经验（年）：

当前工作 / 最近工作

⚠ 注：如果自己所在的是子公司、分公司，填写和自己直接签订劳动合同的所属分公司、子公司信息。（公司性质选择自主创业选项，须同时完成创业经历页面信息的填写。）

＊单位 / 公司中文名称：　　　　　单位 / 公司英文名称：

* 工作所在省市：　　　　　　　　　* 公司年营业额：

* 单位／公司规模（人）：　　　　　* 主营业务：

* 行业类别：　　　　　　　　　　　* 公司性质：

* 岗位类型：　　　　　　　　　　　* 工作部门：

* 工作职位：　　　　　　　　　　　* 岗位职能：

* 负责预算规模（万元）：　　　　　* 本单位工作开始时间：

* 本职位工作开始时间：

* 目前年收入（万元）：（工作相关、纳税或银行流水）

* 年收入证明扫描件：（上传）

* 起始年收入：（进入本公司后的起始年收入）

* 负责管理下属员工人数：

* 本单位内岗位情况：（包括曾经做过的各岗位名称、职位、工作职责、工作业绩、汇报关系、下属人数等信息。建议300字以内，不能有空行，可以空格缩进和正常换行，如字数超过请在最终提交页面下载查看PDF报名表核查是否显示完全）

您的直接上司

* 上级姓名：　　　　　　　　　　　* 职位：

* 联系电话：　　　　　　　　　　　* 是否同意直接和您的上级联系：

其他工作经历

ⓘ 注：从最近的开始填写，包括单位、工作时间、职位、汇报关系、下属员工人数、工作职责业绩、收入和离职原因等信息（建议300字以内，不能有空行，可以空格缩进和正常换行，如字数超过请在最终提交页面下载查看PDF报名表核查是否显示完全）。

◆ **创业经历**

主要创业经历

单位全称：　　　　　　　　　　　　单位地址：

行业类别：　　　　　　　　　　　　公司性质：

岗位类型：　　　　　　　　　　　　开办时间：

主营业务内容：　　　　　　　　　　本人所占股份（%）：

核心团队创业人数：　　　　　　　　公司员工总数：

下属员工人数：　　　　　　　　　　所在省市：

所属部门：　　　　　　　　　　　　工作职能：

工作职位：　　　　　　　　　　　　公司注册资金（万元）：

最近一年营业额一年份（年份）： 最近一年营业额（万元）：
本人出资额（万元）： 创业类型：（网页上有选项）
自有资金（万元）： 家族企业资产（万元）：

1. 是否是创始人？说明在公司的具体职务和职责。

【注意事项】 建议 300 字以内，不能有空行，可以空格缩进和正常换行，如字数超过请在最终提交页面下载查看 PDF 报名表核查是否显示完全。

2. 描述企业产品／服务。

【注意事项】 建议 300 字以内，不能有空行，可以空格缩进和正常换行，如字数超过请在最终提交页面下载查看 PDF 报名表核查是否显示完全。

3. 描述产品／服务的创新特性。

【注意事项】 建议 300 字以内，不能有空行，可以空格缩进和正常换行，如字数超过请在最终提交页面下载查看 PDF 报名表核查是否显示完全。

4. 用数据说明企业所在市场的规模、成长性。

【注意事项】 建议 300 字以内，不能有空行，可以空格缩进和正常换行，如字数超过请在最终提交页面下载查看 PDF 报名表核查是否显示完全。

5. 描述创业原因和公司主要发展经历。

【注意事项】 建议 300 字以内，不能有空行，可以空格缩进和正常换行，如字数超过请在最终提交页面下载查看 PDF 报名表核查是否显示完全。

证明人： 证明人身份：
联系电话：

其他创业经历

注：其他创业经历，建议 300 字以内，不能有空行，可以空格缩进和正常换行，如字数超过请在最终提交页面下载查看 PDF 报名表核查是否显示完全。

◆ **其他信息**

职业资格

所获资格名称： 有效期至：

社会活动（最多两项）

活动名称： 起止时间：

简述活动内容和本人起的作用（建议 300 字以内，不能有空行，可以空格缩进和正常换行，如字数超过请在最终提交页面下载查看 PDF 报名表核查是否显示完全）：

境外工作／培训经历（最多两项）

起止时间： 国家：

公司单位／机构：

培训内容：(建议 300 字以内，简要说明境外工作／培训经历内容，不能有空行，可以空格缩进和正常换行，如字数超过请在最终提交页面下载查看 PDF 报名表核查是否显示完全)

上传境外经历相关证明：(护照、签证及单位证明等证明境外经历的证明)

◆ 论述题

注：(不能有空行，可以空格和换行；系统会自动去掉首段缩进顶头显示) 为避免 PDF 显示问题，请将完成的短文复制到记事本 .txt 文件过滤掉格式，然后重新粘贴保存，中间不能有空行 (如字数超过请在最终提交页面下载查看 PDF 报名表核查是否显示完全。)

*1. 请描述你对你所在组织的价值与贡献。建议结合个人工作的实际案例加以说明。(建议 800 字以内)

【撰写指导】要求 800 字以内，建议写 2～3 件有价值的事情即可。可以是个人成绩，也可以是带领团队完成某个工作。事件选取尤为重要，一定要体现事情本身的重要性、影响性、困难度、你在工作过程中所发挥的作用，事件最终的结果和影响都要交代清楚。

【短文示例】

（1）扭转危机，使公司的营业额实现了 532% 的增长。

2014 年，从美国 ×× 毕业回国后到 ×× 公司任职，为扭转公司颓势我做的努力有：

①我开始接触基础业务，同时学习管理知识，做员工培训，策划优惠活动吸引顾客，把关产品质量及数量，借助自学的财务知识，我将产品原料进货、销售、结存、优惠等一系列的账务流程理清理顺。

②在对公司经营有了完整的了解之后，我将重点放在了重点客户发展及人性化服务培训上。利用营改增的政策红利，采取了让利增量的销售方案，为公司争取到了更大的客户流量，使产品的日销售额增长了 15 倍。

③面向固定的顾客群体，我认为在该产品市场已规范、质量差别微小的情况下，服务至上的理念应该是我们民营公司的重点、亮点。通过到其他优秀的公司学习，微笑服务、礼貌用语是最低标准，照顾到顾客的其他需求，维护忠实客户的关系都成为了我们员工的加分点。

在不懈的努力下，公司营业额从 2014 年的 ×× 万元增长到了 2016 年的 ×× 万元，增长率达到 532%。

（2）从 0 到 1 创立 ×× 有限公司，2018 年实现销售收入 ×× 万元，纳税额位居全县工业企业第一名。

2016年至2017年,我创立了××有限公司。面对复杂的地方群众关系,当地各级政府对项目的态度不明朗,公司手续难办等困难,我数百次地与政府、群众、干部协调,终于在2017年9月将项目启动建成。在这个过程中,我做的努力有:

①与政府各部门沟通对接。从最初的营业执照办理,项目的立项,再到正规合法的资质办理等一系列事项均由我主导推动,使我与当地政府、各上级部门建立了良好的关系,为我们公司能得到政策上的支持搭建了沟通的桥梁。

②在一系列的高标准、绿色环保的基地建设之后,我带领管理团队亲自走访各类供货商,谈价格降成本,组织货运车队,确保产品生产销售的稳定性和利润空间。

③我公司创新性地注册成为一般纳税人企业,采取了增值税一般计税方法,税率为17%(现已根据国家政策降到13%),即可向同为一般纳税人的公司提供抵扣17%的增值税专用发票,为他们大大降低了成本。

我公司快速地成功打开了市场,各类项目竞标都优先选择了我们。2017年,生产销售该产品收入达到××万元,纳税××万元。2018年,生产销售该产品收入达到××万元,纳税××万元,直接或间接地创造了500余个工作岗位,荣获××县人民政府颁发的纳税优胜企业第一名。

*2. 请阐述科技进步对你个人职业发展产生的影响,以及你将如何应对。可以选择和你的职业发展相关度最高的一个领域。(建议600字以内)

【撰写指导】这道题很符合清华大学的培养目标,适合喜欢追随高科技,并对高科技有深入理解、认识的学员。如果本身从事互联网或者高科技工作的学员,可以直接引用现实中的例子,并交代清楚这项技术未来对工作的进一步影响。如果是非高科技领域的,或者对高科技接触较少的学员,也可以选取工作中的某一些方面受到过高科技的影响,比如云办公,信息化技术改变传统工作方式,或者人工智能系统引入,等等。

【短文示例】

作为一个传统行业的管理者,虽然公司发展迅速,但我们一直有行业更新换代的紧迫感,时时都在接触、了解行业最新的设备和服务。

现在我们无时无刻不在感叹信息技术发展给我们生活带来的巨大的影响。在公司组建之初,我们就采用了最新最全面的ERP系统。这是传统行业企业信息化的关键,它使我们公司实现了规范化、标准化、智能化的生产销售链。一方面通过各部门数据的归集和整合,我们的产品生产可以在适配实验成功后,精确地做好材料配比，快速制作出符合顾客需求的不同产品，大大节省了材料，同时还保证了产品质量，避免了生产事故的发生。根据2018年的数据对比，我们产品的材料成本比同行业企业节省16%。另一方面在销售上，我们的客户多达300余家，而每一位客户对产品有不同的需求，每种产品的数量都由客户临时决定而制订计划，销售成交量由最终生产为准。ERP系统是通过互联网在线实时运作，完整"供应商—企业—客户"的体系为我们提供了全面、详细而及时的数据，大大减少了错误，提高了工作效率。

在本行业竞争激烈、生产技术成熟、难有突破的情况下，我公司正在考虑多元化的发展，不断研发新型产品。我们公司每年在实验室投入××万元研发资金，积极探寻技术创新，让我们企业往新产品的方向转型升级。

为了良性发展，我们公司必须保持对新科技新理念的探究精神，积极了解和研究，适当做出大胆尝试，紧跟这个行业未来发展的趋势。

*3. 你如何定义你的美好人生，以及你将如何实现？（建议600字以内）

【撰写指导】这道题本质是畅想未来，并给出能够实现目标的具体途径。

建议两种写法：文笔较好、文采较高的同学，可以稍微写得诗情画意一些，但文章后半部分还是要落在具体如何实现上面。文笔一般的同学，可以往未来发展规划的路子上靠，写具体的目标和实现目标的方法。

【短文示例】

我认为的美好人生是有自己的事业，能够用自己的力量更好地服务企业、服务社会；同时有幸福的家庭，懂得享受生活的美好。

一方面我希望通过MBA项目的学习，进一步系统地学习企业经营管理知识，拓宽眼界，培养对政策的敏感度和分析能力，培养自己的创新思维，寻找最适合我们企业未来转型的方向，为民营企业发展注入新鲜血液。我将用新的理念、知识，甚至是技术，带领公司做好转型准备，形成核心竞争力，解决传统行业企业生命周期短、市场淘汰率高的问题，将我司打造为一家有核心竞争力、生命力强、有社会责任感的实体经济体，成为工业行业的标杆企业，未来希望能够带领公司走向世界的舞台，展现中国企业的风采。

另一方面我认为美好的人生还包括幸福的家庭和独立乐观的自我意识。家庭的支持和温暖让我领悟到工作不是人生的全部。工作生活中自我意识也十分重要，只有自己保持乐观的态度，精神独立，才是健康的生活态度。现在我每天花一定的时间陪伴家人、健身、读书，安排自己独处的时间，心情日渐开朗，内心也越来越满足。

⚠️注：今年的最后一个论述题已改为：在你的人生经历中所做的最重要的一次决策

是什么？为什么要做这个决策？这个决策对你有什么样的影响？（建议 600 字以内）

四、推荐信格式

◆ 申请人信息

申请人姓名：　　　　　　　　　　＊面试申请号：

◆ 推荐人信息

姓名：　　　　　　　　　　　　　工作单位：
职务：　　　　　　　　　　　　　手机：
邮箱：　　　　　　　　　　　　　性别：

◆ 推荐人其他信息

部门：　　　　　　　　　　　　　办公电话：（含分机号）
其他电话：　　　　　　　　　　　是否清华经管校友：
入学年份：　　　　　　　　　　　校友类型：（网页上有选项）
若选择其他，请填写：　　　　　　特殊情况说明：

◆ 请您评价申请人在同龄人中的水平

注：以下均是选择题，请具体看官网。

姓名：　　　　　　　　　　　　　工作单位：
领导潜力：　　　　　　　　　　　主动性与责任心：
思维决策能力：　　　　　　　　　团队合作：
沟通与影响力：　　　　　　　　　学习能力：
创新能力：　　　　　　　　　　　人际关系：（与上司）
人际关系：（与下属和同事）
上述评价理由：（100 字以内，不要有空行）

◆ 请回答以下问题

＊1. 您与申请人认识了多久，怎样认识的？有什么样的交流？如果是在同一组织中，请简要描述申请人在您所在的组织中的角色和职能。（500 字以内，不要有空行；请使用谷歌 Chrome 浏览器或者 IE 浏览器，不要使用 360 等容易出问题的浏览器）

【短文示例】

我认识××同志有近一年半的时间了，我是在 2011 年年初到××所在单位进行工作调研时认识他的，他全程陪同我们完成了工作调研。在集团公司决定从基层单位选拔管理干部到总部机关工作时，根据我对他的了解，经过多方考察，我向公司领导极力推荐他，将××调到监察部工作。

××同志最大的特点是执行力特别强，工作效率十分高，关键时刻敢于做决定，敢于表态，很有魄力。作为我工作的重要助手，只要有重要的工作事项，我第一个想到的就是和他商量，所以我们交流十分多。××在监察部工作一年来，不论工作量有多么大，也不论工作时间多么紧迫，他都积极地去完成，十分敬业。我们部门中最重要的工作主要是由他完成的，他在公司系统监察工作制度建设、监督监察流程设计、监察队伍组织建设、团队建设、队伍培训尤其是案件查办方面发挥了十分重要的作用，他的工作能力让我相当放心。所以，我出差时都是由他来代我主持监察部工作。

2. 请描述您曾经给申请人的最重要的建设性意见建议，请说明当时的情形和申请人的回应。（500字以内，不要有空行；请使用IE浏览器，不要使用360等容易出问题的浏览器）

【短文示例】

我给××同志提过两个建议，一是在工作中不要只求快，更要看质量，尤其是细节方面要更加注意，因为大的工作原则谁都会注意，所以在细节上更能看出一个人的水平。二是虽然工作上有分工，但是要掌握部门的全局工作。我曾经问过××，如果我调离这个部门，你能不能担当起整个部门的工作？一年来，××按照我的要求，对每一项工作都做到精益求精，体现了年轻人少有的细心和谨慎。如果我交给他一项工作，只要他认为不满意，他就不会草率地交给我。在部门工作中，××表现得十分积极，从来没有因为这项工作是分内还是分外而有过意见。××调到总部工作一年来，勤学上进，任劳任怨，进步十分快，对部门的每一项工作业务都十分热情，已完全能够主持部门的工作。

*3. 请提供申请人的表现、潜力和个人素质等补充信息，以便于清华MBA招生委员会对申请人有进一步的了解。（500字以内，不要有空行；请使用谷歌Chrome浏览器或者IE浏览器，不要使用360等容易出问题的浏览器）

【短文示例】

集团公司将××调到总部机关工作，有十分明确的培养方向。集团公司已经将他作为"双料"高级管理储备干部进行培养，就是让××同志在总部机关工作锻炼三年左右的时间，一个方向是将他派往基层公司担任副总经理、纪委书记，另一个方向是直接将他提拔为监察部副主任。所以，在工作潜质上，请老师们放心，××十分值得培养，他一定会成为一名十分出色的企业管理者。在个人素质方面，××同志责任心强，对工作任劳任怨，而且××同志十分注重学习，这些年经过自己的努力，掌握了多方面的管理理论知识。对我个人来说，再过几年我就退居二线了，我一直把××同志作为我的接班人进行培养锻炼，我对他在工作上、学习上的要求十分严格。作为他的直接领导，我定会支持他的学习。如果清华的老师们能给他一个学习的机会，我一定会把工作安排好，确保××既能在工作上得到锤炼，也能顺利完成学业。

五、申请短文示例

（一）请描述你最成功的三次经历，给出选择理由。(1500字以内，请写出事情的重要性、背景、经过、你的角色、决策过程、行动、结果和影响，至少一个与团队有关)

【撰写指导】这道题主要是想了解考生在学习、生活、职场中的经历。难点是很多同学不知道该选择哪三次经历。题目要求"至少一个跟团队相关"，这是商学院最想看到的案例类型，学院希望考生都能具有团队精神、协作精神，只有这样才能高效率地完成工作。

另外题目还要求必须写出"重要性、背景、经过、你的角色、决策过程、行动、结果和影响"等几大要素。考官从这些必要的要素中去发现考生是否具有决断力、判断能力、分析能力、执行力、团队管理能力、协调能力、社会道德等品质，也就是说，商学院需要看到考生具有成为优秀职业经理人的潜质，有培养的价值。

为了便于清华大学材料评审考官对各经历基本内容一目了然，准确了解短文所要突出的方面，建议清华大学MBA申请人在撰写本篇申请短文时给每一个成功经历起一个简短、突出核心内容的小标题。

【短文示例】

经历一：成功地运用期货套期保值，为公司止损2亿元。

2010年，全球棉花价格在经过一轮飙升后迅速回落，由35000元/吨一路下跌，在跌幅达3000元/吨时，江浙地区众多中小纺纱企业和棉商相继宣布破产。当时我所在公司已囤货3万吨，经过我和部门成员不断的市场调研，发现整个棉花市场疲软，棉价上涨概率极小，因此必须及时止损。虽然这样的决策会让公司盈利率下降，但时间紧迫，如果不及时止损可能会面临更大的损失。我果断制订了期货套期保值策略，在××期货市场做3万吨空仓，等棉花售出后平仓。这样可以确保将存货风险降至最低。

事后证明，我的成功决策至少为公司止损2个亿。公司领导对我极为赞赏，并由此专门设立期货风险控制部,且任命我为部长,通过期货操作对公司的进口棉进行套期保值,极大降低了投资风险率。

这次经历不但培养了我的决策能力,而且提高了我对市场的敏锐度,增强了对于市场预测的信心,还让我认识到,成功的决策是建立在大量相关信息有效分析之上的。这次的经历也使我在日后创业过程中养成了注意控制市场风险的习惯。

经历二:我成功创立××服装品牌,并带领团队开拓华北市场。

2011年,我经过仔细考虑后决定辞职去创业。因为有兼职做服装网络销售的经历,同时也有几年棉纺行业从业经验,熟悉布匹的面料、市场以及国内外渠道,所以我决定选择服装行业。

通过市场调查发现防辐射服的市场潜力巨大,而目前市场上防辐射产品比较混乱,没有任何一家企业形成品牌优势。经过详细的市场定位,我创立××品牌,该品牌致力于防辐射系列服装,为客户提供安全、美观的防辐射服。

经过调查,我发现目前全国的防辐射服装几乎都是靠经销商渠道销售,渠道是保证销售量的重点,因此打造稳定良性的大型经销商渠道尤为重要。我采用了网络和实体结合的方式,以各大型服装产品展销会为契机,团队成员直接与各地经销商上门洽谈,近一步开拓了市场。

在与经销商沟通中我们以"双赢"为原则,突出三个重点:

(1)保证防辐射产品功能、质量、设计等全方位迎合市场。

(2)选择对市场有影响力的经销商,并留给其可观的利润空间。

(3)销售跟踪服务,订货会全程参与,对经销商在当地的宣传给予支持。

我们采用以一个城市为重点突破的方式,与批发商合作提升品牌影响力,并快速打开局部市场。半年后,在创业团队成员共同努力下,我公司产品在华北地区站稳脚跟,销量稳步提升。

创业的过程非常艰辛,但是增强了我团队管理、市场开拓和渠道拓展的能力,虽然面临着诸多困难,但是经过我们的团队努力,都一一克服,为企业未来的发展打下了坚实基础。

经历三:创新生产管理模式,成功降低防辐射产品成本。

2011年10月,我公司业务稳步发展,由于公司的产品全部由另外一家工厂代工,造成了我对生产环节管理的脱节。在订单增多的同时,我发现单位面料的预算成品件数与最终出厂的成品数量并不符合。

经过分析,代加工过程中确实存在布匹浪费、做工不精细等问题。我决定改变原有只提供裁剪图纸、完全依赖代加工企业的生产模式,将设计和裁剪这一环节从生产企业中剥离出来,由我们重新组建团队独立完成。

首先,我们聘请专业的设计师,在不重要的地方采取其他时尚材质,例如蕾丝等元素，相应的减少银纤维面料浪费且不美观的现象。其次，进一步严格控制面料剪裁流程，工人费用以计件工资形式支付来控制生产成本。最后，经过筛选更换了加工企业，选择了一家规模更大、技术更专业的企业。这样不但使银纤维防辐射面料得到很大的节约，整个生产成本大大减少，同时劳动生产率也得到了提高。

在市场竞争如此激烈的行业，有效控制成本、精细管理生产流程是企业核心竞争力的重要体现。创新的生产模式和独特的设计理念，则为我的企业持续发展奠定了坚实的基础。

（二）你认为自己什么地方与众不同，写出招生录取委员会应该录取你的理由。（500字以内）

【撰写指导】自述短文最大的特点在于它是每个考生的真实经历，而每个人的经历不可能是完全一样的。因此，考生解答此题时只要完全结合自身、阐述自己的真实经历，那便是自己"与众不同"的地方。在描述时，考生可以从自身的性格特点、兴趣爱好、过往经历、能力素质等多方面入手，只要内容真实可信，能够展现出自身的优势，就能够赢得录取委员会的信赖。

【短文示例】

（1）拥有国外长期独立工作经验

作为中方驻××项目唯一协调负责人，在××连续工作长达4个月。我不仅能在异国快速适应环境并进入角色，而且在规定时间之前圆满完成了××项目的阶段升级和测试工作。这项工作极好地锻炼了我的协调组织能力、沟通交流能力和决策能力。

（2）弱冠之年拥有国家新型专利

早在大学求学期间，在父亲的带领和指导下，我便获得了新型专利。毕业后秉承"创新是技术企业核心竞争力"的理念，再次取得一项专利。不仅如此，我更在以公司名义申请的专利上出策出力，填补了多项技术空白。诚挚希望能和对相关专业感兴趣的同学进行分享和探讨。

（三）描述你的短期和长期职业目标。你打算怎么样去实现目标？清华MBA项目会对你达成目标起到什么作用？（500字以内）

【撰写指导】本题主要考查两个方面：首先，系统了解申请人的职业发展规划，进而分析申请人的职业发展潜力；其次，用来评估清华MBA项目对申请人是否适合。

短期职业目标的时间跨度一般为未来3～5年，建议以下面的主线为核心加以撰写：在现有职业发展的基础上进一步提升自身管理能力，实现由专业型人才或基础性管理岗位向管理型人才或中层管理岗位的转换。

长期职业目标的时间跨度一般为未来10年左右，建议围绕以下主线加以撰写：实现高层管理者的职业发展目标，对企业管理上升到较高的层次，并对所在行业和市场有较强的把握能力和战略规划能力，可以突出带领企业的实现发展。

【短文示例】

短期目标：两年内，进入家族企业并担任销售部门中层领导，将市场拓展到全国各省市。毕业后接手家族企业，担任董事长，用在清华所学的知识为公司打下坚实的基础，寻找并确定一条适合公司的以科技技术研发为主、扩大市场份额的道路。

长期目标：5～10年，通过发扬自主研发精神，引领整个行业自主设计潮流，将公司打造成以研发为驱动力、销售额突破10亿元、在国内××领域处于领先地位的企业。

10～20年，成立由公司命名的设计研发学院，为国内外××行业培训出一流人才，让中国科技人才走向全球。

我将采取以下三项措施实现我的职业规划，清华MBA项目对我达成目标将起到如下作用：

1. 全面了解商业系统、熟悉公司运作流程。通过在清华经管的学习夯实理论基础，重点学习《企业决策模拟》《领导与变革》《工业市场营销》等课程。

2. 加强学习，提升销售技能、塑造管理艺术。在清华这所中国MBA最大的平台上与各行业精英进行交流、资源互补。利用项目优势，增加市场实战经验，进一步提升管理水平。

3. 参加国际项目，拓展国际视野。清华经管与国际多所知名商学院有着良好的合作关系，培养了大批具有时代前瞻性的行业精英。如我有幸被清华经管录取，我将十分珍惜这一机会，积极参与国际项目，为实现将公司建设成国际化的大型集团这一目标奋斗不息！

第三节　中国人民大学

★以下信息摘自中国人民大学商学院的官网。

一、招生简介

（一）招生方式

2021年人大MBA招生采取"4+1"的方式：

```
┌─────────────────┐     ┌─────────────────┐
│  4次提前批面试   │  +  │  1次正常批面试   │
└─────────────────┘     └─────────────────┘
```

提前批面试的时间一般是 6 月到 10 月之间；正常批面试时间为 2021 年 3 月，未能参加提前批面试的考生依然可以通过正常批面试的方式进入人大学习。

（二）报考条件

1. 中华人民共和国公民。

2. 拥护中国共产党的领导，愿为社会主义现代化建设服务，品德良好，遵纪守法。

3. 考生的学历必须符合下列条件之一：

①大学本科毕业后有 3 年或 3 年以上工作经验的人员（到 2021 年 9 月 1 日）；

②已获硕士学位或博士学位并有 2 年或 2 年以上工作经验的人员（到 2021 年 9 月 1 日）；

③获得国家承认的大学专科毕业学历后有 5 年或 5 年以上工作经验（到 2021 年 9 月 1 日），达到与大学本科毕业生同等学力的人员；国家承认学历的本科结业生，按本科毕业同等学力身份报考。

④在境外获得的学历证书须通过教育部留学服务中心的认证。

⑤现役军人考生，按解放军总政治部的规定办理。

（三）项目设置

项目	全日制	非全日制	
	国际 MBA（IMBA）	普通班	科技金融方向班
学制	基本学制 2 年		
学习方式	中外学生合班全日制上课	周一至周五晚上和周末	周一至周五晚上和周末
语言	必修课为全英文授课	中文授课	中文授课
学费	17.8 万	30.8 万	36.8 万
证书	颁发毕业证书并授予学位		

★ 入学后学生可选择 9 个海外双学位项目，双学位项目信息请参见 MBA 项目官网。

二、报考指南

中国人民大学商学院 2021 年 MBA 项目招生采用提前批面试和正常批面试相结合的方式,具体请参照《招生流程图》和《招生时间表》完成报考步骤。

网址:http://mba.rmbs.ruc.edu.cn/enroll.php

◆ 每位考生每年只有一次申请提前批面试的机会,且只能申请一个项目。请慎重选择报考批次及报考项目。

◆ 面试中获得资格的考生在全国联考报名时选择的学习方式需与提前批所报项目一致,即获得中文在职项目和科技金融方向 MBA 条件录取资格的考生,全国联考报名时需选择非全日制学习方式,获得英文全日制项目条件录取资格的考生,全国联考报名需选择全日制学习方式,否则将取消原项目获得的条件录取资格。

(一)招生流程图

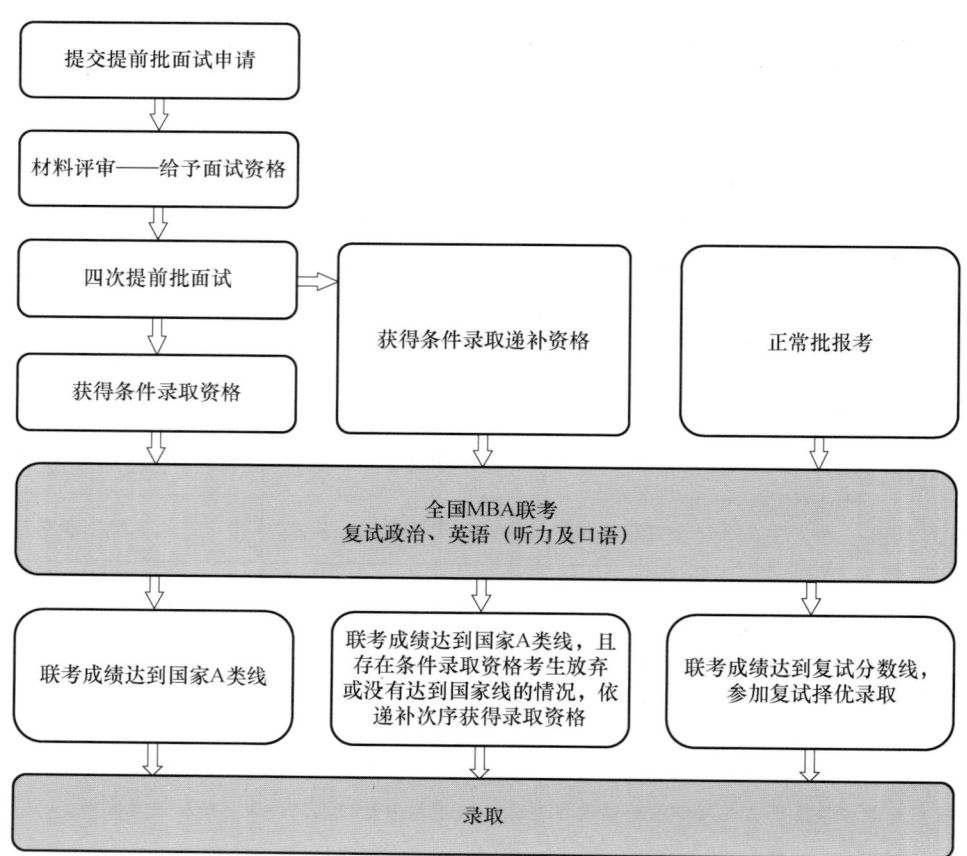

（二）招生时间表

流程	申请提交截止时间	公布面试名单	面试时间	公布面试成绩
第一批面试	2020-06-30	2020-07-13	2020-07-11/12/18/19	2020-07-28
第二批面试	2020-08-28	2020-09-14	2020-09-19/20	2020-09-27
第三批面试	2020-10-12	2020-10-19	2020-09-12/13/19/20	2020-10-30
第四批面试	2020-10-29	2020-11-09	2020-11-14/15	2020-11-26
中国研招网报名	2020 年 10 月			
全国 MBA 联考	2020 年 12 月底			
公布联考成绩及国家线	2021 年 3 月			
正常批面试及复试政治、英语（听力及口语）	2021 年 3 月			
拟录取名单	2021 年 4 月			
政审及录取	2021 年 5—6 月			
入学报到	2021 年 9 月			

三、考生注册

人大 MBA 考生服务系统网址：http://mbabm.rmbs.ruc.edu.cn/stu/login.jsp

四、申请信息示例

◆ 个人信息

* 系统编号：　　　　　　　　　* 报考项目：

* 报考批次：

* 姓名：　　　　　　　　　　　* 性别：

* 身份证号：　　　　　　　　　* 手机号码：

* 电子邮箱：　　　　　　　　　* 户籍所在地：

⚠ 注：请在"项目/批次选择"页面提交报考项目和批次；请参考批次时间表选择

你所要参加的面试批次,并慎重选择报考的项目。一旦正式提交面试申请,你所选择的项目和批次将不得变更。

◆ 教育背景

⚠ 注:请从最高学历填起。

＊最高学历:　　　　　　　　　　　　　　＊最高学位:

最后毕业本/专科院校

＊院校:

＊入学时间:　　　　　　　　　　　　　　＊毕业时间:

＊学历:　　　　　　　　　　　　　　　　＊学历证书编号:

＊学位类别:　　　　　　　　　　　　　　＊学位证书编号:

本/专科教育经历

院校:

入学时间:　　　　　　　　　　　　　　　毕业时间:

学历:　　　　　　　　　　　　　　　　　学历证书编号:

学位类别:　　　　　　　　　　　　　　　学位证书编号:

硕士以上教育经历

⚠ 注:此区只填写硕士及以上学历。

院校:

入学时间:　　　　　　　　　　　　　　　毕业时间:

学习方式:　　　　　　　　　　　　　　　专业:

学历:　　　　　　　　　　　　　　　　　学历证书编号:

学位类别:　　　　　　　　　　　　　　　学位证书编号:

学历学位上传

＊学历证书上传:

学位证书上传:

⚠ 注:请考生上传具有报考资格的最高学历、学位证书,未获得学位可以不上传(报考资格请参考:"中国人民大学MBA'提前复试'实施方案"中报考条件),如:符合报考条件的最高学历为本科即上传本科学历、学位证书。请考生扫描并粘贴到word文件中上传,文件名参考:某某学历证书,某某学位证书。

◆ 外语水平

GMAT

Test Date:　　　　　　　　　　　　　　　Total Score:

Verbal Score：   Quantitative：

AWA Score：

大学英语

等级：   是否通过：

考试日期：   总分：

听力：   阅读：

综合：   作文：

GRE

Test Date：   Total Score：

TOFEL

Test Date：   Total Score：

IELTS

Test Date：   Overall Band Score：

◆ **工作背景**

* 全职工作经验（年）：   * 管理岗位工作经验（年）：

当前工作 / 最近工作

* 单位／公司中文名称：   单位网址：

* 单位性质：   * 是否全球 500 强：

* 是否上市公司：   * 上市地点：

* 单位规模：   * 公司上年年营业额：

* 工作所在省市：   * 主营业务：

* 行业类别：   * 工作部门：

* 工作职位：   * 职位类型：

* 岗位职能：   * 负责预算规模（万元）：

* 本单位工作起止时间：

* 目前年收入：（税前）   * 入职时年收入：（税前）

* 负责管理下属人数：   * 所在部门人数：

目前直接汇报的上级情况

* 上级姓名：   * 职位：

* 联系电话：   * 是否同意直接和你的上级联系：

* 本单位内岗位情况：（包括曾经做过的各岗位名称、职位、工作职责、工作业绩、汇报关系、下属人数等信息。建议 300 字以内，不能有空行，可以空格缩进和正常换行，如字数超过请在最终提交页面下载查看 PDF 报名表核查是否显示

完全）

以往工作

> 注：请按时间倒序填写，最多填写 5 条。

公司名称：	起止时间：
所在部门：	职位：
下属员工人数：	年收入：（税前）
工作职责业绩：	离职原因：

◆ 创业经历

> 注：请在面试时携带营业执照、验资报告、财务报表、完税证明等能证实您所填写信息的相关证明原件和复印件。

主要创业经历

公司全称：	公司注册地址：
公司注册时间：	初始注册资金（万元）：
行业类别：	主营业务：
最近一年营业额：	目前员工总数（人）：
核心团队创业人数：	是否初始创立人：
本人出资额（万元）：	本人所占股份（%）：
工作所在省市：	职位类型：
工作岗位：	所属部门：
岗位职能：	直属员工人数（人）：

职位详情：（请填写您的职位的具体职责，200 字以内）

工作业绩：（200 字以内）

公司主营业务/产品/服务：（100 字以内）

企业发展战略及竞争优势：（请描述企业短期[3 年]、长期[5-10 年]的发展规划及竞争优势，400 字以内）

以具体数据说明企业规模和行业内占比：（400 字以内）

创业原因和主要发展经历：（300 字以内）

证明人：	证明人身份：

证明人联系电话：

其他需要我们了解的信息：（200 字以内）

◆ 海外经历

> 注：请填写 1 个月以上的经历，最多填写 3 条。

国家／地区：　　　　　　　　　　　出访时间：
出访目的：
简述经历：

◆ **其他信息**

⚠ 注：请填写最重要的三个，面试时需携带相关证明材料的复印件。

职业资格
所获资格名称：　　　　　　　　　　获得时间：
颁发机构：　　　　　　　　　　　　有效期至：
备注：

获奖与荣誉
奖励与荣誉名称：　　　　　　　　　获得时间：
颁发机构：　　　　　　　　　　　　获奖原因：

社会活动（最多两项）
活动名称：　　　　　　　　　　　　活动时间：
简述活动内容和本人起的作用：（建议300字以内，不能有空行，可以空格缩进和正常换行）

◆ **推荐信**

⚠ 注：推荐信并非是必须要提交的内容，但这是一个让院校从侧面更好地了解自己的机会，所以还是建议大家重视并填写此项。考生可参考其他院校推荐信的格式，最多请两位推荐人为自己写推荐信。

五、申请材料列表

参加提前批面试的考生面试现场报到时请提交以下材料，并按顺序装订成册：

1.《面试申请表》一份（《面试申请表》可在官网"报考录取查询"板块下载）；

2. 有效期内的身份证件复印件（原件现场查验）；

3. 本人学历学位证书复印件（原件现场查验），海外学历需提供教育部学历认证报告复印件；

4. 有创业经历的考生，请提交营业执照、财务报表、完税证明、验资报告的复印件（原件现场查验）；

5. 有海外经历的考生，请提交护照复印件或单位出具的证明原件；

6. 有资格证书的考生，请提交证书复印件；

7. 在学校或工作期间有获得荣誉证书的考生，请提交证书复印件。

⚠ 注：如果未进入提前批面试名单，考生可直接参加全国联考，联考成绩达到正常批面试分数线后可参加正常批面试。

六、申请短文示例

*1. 你希望通过读人大 MBA 收获什么？（800 字以内）

【撰写指导】可以从两个方面去撰写：

第一，通过自身的实际需求去阐述，比如：管理知识提升，领导技能增进，视野眼界开拓等。

第二，从学校教授内容角度出发，尽量贴合学校的授课或者特色内容反过来写倒推你的观点。

【短文示例】

选择人民大学商学院 MBA 项目作为我未来职业发展的新起点有以下考虑：

首先，我希望通过读人大 MBA 提升自己的管理技能，在公司晋升更高的岗位。随着工作业绩的提高，工作内容也在逐渐变多，需要更多的力量来辅助我，所以更好的管理技能可以帮助我有序地为下属分配工作，建立团结友爱的工作氛围，同时也为下属深谋远虑，为他们确定发展的方向和职业规划建议。只有管理好团队，做出更出色的业绩，才能让我的职业生涯更进一步。

其次，我希望拓宽自己的知识面。在专业从事数据分析多年的同时，对数据以外的其他知识掌握不够，全面体系化地学习经济学、新闻传播学、统计学等学科是迎接未来挑战的必备武器。商业分析师需要很多的业务输入来帮助判断公司业务的发展，既要有专业的统计基础，还要了解行业发展、资本市场和财报数据，更要懂得辨别外部新闻的可信度，同时学习包装和营销传播，扬长避短。

再次，塑造自己的人文气质。本人曾代表公司参加××培训，有幸聆听了人大老师的授课，深深佩服他们对政策的解读和对中国历史文化如数家珍般的介绍。希望自己可以被人大丰厚的人文社科底蕴熏陶成既是职业精英同时又是爱国敬业的好青年。

最后，希望通过 MBA 的学习结交更多的朋友，成为工作生活上的良师益友。

*2. 请描述你迄今为止最大的挫折，或者最让你感到失望和遗憾的事情（非学习过程中的，如高考失利）。这次经历让你有何收获？（1000 字以内）

【撰写指导】首先，如果有因旁人没有成功，并且能够凸显你个人超群的能力的事件为上。其次，可以找一些工作中、生活中的失败经历，例如：项目没有成功推进，工作失误导致负面影响，创业时的艰难，等等。但重要的是通过这个事情是否有反思和认识。最后，如果工作年限较短，确实没有过多值得渲染的大事情，那就找工作中的小事情作为补充，这里就更要凸显当你犯错后的补救措施，以及深刻的认识和后续的发展。

【短文示例】

迄今为止，我经历的最大的挫折是关于××主导的移动统计项目。

当时本人作为项目负责人，带领14名核心人员，对整个项目进行全流程管理。既要管理项目风险把控进度，同时自己需指导产品经理规划方向制订迭代计划，还要与各业务部门沟通推进大家使用新工具。项目由质量部8人，大数据平台3人，设计组1人，分析师1人，产品经理1人组成。但在实施过程中，由于多部门合作不畅，目标和方向认知不一致，反复对接仍然收效甚微。半年后项目组解散，项目被移交到合作部门。

总结项目失败的原因主要有两点：

（1）本人刚入职便接手公司级大项目，个人能力和品牌认识度未建立，而团队中成员的级别有高于我之上的，很难驾驭。

（2）多部门合作项目，大家考核目标不一致，投入的人力不平衡，导致互相抱怨。投入人力较多的部门，希望自己闭环大包大揽，触碰到别的部门底线，有争抢业务之嫌。

但整个项目过程中，我还是有很多成功的亮点和收获的：

（1）通过帮助业务线完成了埋点的梳理，获得了公司的认可。

（2）以××的案例逐步推广到公司各业务线，完成了公司所有业务线的埋点工具替换，保障了公司数据安全，建立了公司数据规范，加快了公司数据驱动文化的步伐。

这次的挫折让我意识到很多问题：

首先，需要让大家认可我的能力，提高自己的品牌认知度。

其次，在多部门合作过程中，一定要努力争取各方目标一致，得到各方领导甚至更高层的关注，关键时刻需要由上至下的推动。

最后，就是要懂得营销自己，营销自己的产品，多与业务方沟通，有一颗同理心，站在对方角度考虑，能够为对方提供帮助。

*3. 请描述一次你在工作中的创新经历。请阐述这个经历对你所在的组织有何改变作用，以及对你自己的价值观或者信念产生了怎样的影响（1000字以内）

【撰写指导】创新性是当下社会最流行的话题，也是MBA教学中比较关心的价值之一。发明专利、撰写论文、软件著作等是最高级的案例。如果没有的话,也可以写工作中的方法创新、模式创新。

【短文示例】

2018年,由我全权负责的项目——平台流量分配,帮助此业务线实现2018年增长30%的业务目标,项目团队的员工基本都实现了当年的晋升。

自2018年的年度目标拆解后,我们分析师团队也被列入需要考核业务KPI的范围,效率项目也因此诞生。增长可被拆分为新客增长和老用户促活,我所负责的项目便是新客增长。项目初期潜在用户不清晰,没有精细化的测算,工具能力不够等问题,在项目中都得到了改善。

在这个工作中,主要创新了3点:

(1)潜在用户测算,并通过标签实现系统自动化计算,一键配置活动。

(2)可分场景配置,分析用户的意图。

(3)通过指标监控潜在用户的接受度,调整活动的频次和形式,减少打扰。

此次创新对业务的收益有:

(1)帮助业务完成了30%增长目标,超额完成任务。

(2)指标的监控,让用户体验变好。

而我个人也收获了升职加薪和期权奖励,收获了很多经验:

(1)作为项目的负责人和商业分析师,需要保持清醒的头脑和中立的态度,既要有同理心去考虑用户的体验,更要协调各部门的合作。

(2)吸取了自己之前失败项目的经验教训,此时我已在公司建立起了个人能力认可度和品牌。

(3)学会更多的巧妙处理工作问题的方法,加强向上级汇报的能力,得到老板的大力支持,极大地推动了项目的进程。通过周会制度,同步大家进度迅速解决问题,也为我向上汇报提供材料,管理老板预期,也得到领导的资源和更高层会议的口碑宣传。

这个项目的成功实施,是我近几年工作经历中的重要里程碑。接下来,我还将在自己的职业高速路上继续高效前行,为社会、为公司、为自己创造更多的价值。

4. 如果你被人大MBA录取,你最想和同学分享自己的哪些经历或想法?(600字以内)

【撰写指导】可以写你对行业、职业、企业、工作、生活的一些认识。如果多得话就分开写,如果感觉可分享的内容很少,那就抓住一点往深入写。比如,你是从事大数据计算的,完全可以写你对大数据未来发展的展望和你的应对措施。

【短文示例】

近几年，我始终坚持在互联网数据领域深耕，所有的工作岗位和内容都不脱离自己擅长的领域，从一个公司到另一个公司，都踩到了每一次的风口，主要是因为我自己一直关注互联网动态，时刻提醒自己要学习进步。即便在××内部也不断地挑战自己，向更高的目标攀登。

总结起来为以下 4 点：

（1）认清自己，找准方向，去该领域 TOP 企业。

（2）年轻的时候，不要太看重金钱回报，好的平台和工作机会能为将来夯实基础。

（3）工作上专业能力过硬才能被认可，关注行业发展动态，同时积极参与公司活动，建立认识更多同事的机会，你会发现你的跨部门沟通工作变得更得心应手。

（4）始终谦卑，三人行必有我师，向身边的人学习，同时也帮助别人，善待实习生。

在兼职从事党务工作中，始终本着一名党员的初心，热爱祖国，热爱集体，希望自己可以帮助别人。

工作是为了更好的生活，所以正是因为工作很累了，才更要放松，出去走走看看世界，开拓眼界，去发现自己的无限可能，因此，我决定转岗做国际化业务。

第四节　北京航空航天大学

★以下信息摘自北京航空航天大学 MBA 项目的官网。

一、招生简介

（一）招生方式

2021 年北航 MBA 招生采取 "6+1" 的方式：

2019 年提前批面试的时间分别为 2019 年 6 月、7 月、8 月、9 月、10 月，2021 年北航 MBA 招生提前批面试受疫情影响集中安排在 8 月、9 月、10 月；正常批面试为 2020 年 3 月，未能参加提前批面试的考生可以报名参加正常批面试。

(二)报考条件

1. 获国家承认的高职高专毕业学历后,或大学本科结业后,有〈5年(含)〉以上工作经验。

2. 国家承认本科学历的毕业生,大学本科毕业后工作〈3年(含)〉以上。

3. 获硕士学位或博士学位后,有〈2年(含)〉以上工作经验的人员。

(三)项目设置

2021年北京航空航天大学拟计划招收350名工商管理硕士研究生(MBA),学习方式为非全日制,最终名额以教育部下达为准。

班型	周末班 I	周末班 II	集中班 I	集中班 II
上课时间	每周周六、日两天	每周周一至周五两个晚上,周末一天	隔周周五下午晚上,周六、日两天	每月安排一周中的周四至周日连续四天
招生人数	350人(含技术转移专项50人)			
学习方式	非全日制			
就业类型	定向就业			
培养方向	创新与创业管理、大数据与商业分析、金融科技、民航管理、项目管理、企业综合管理、技术转移			
培养学制	2年			
学习年限	2~4年			
培养费用	16.8万(平均分两年缴清)			

★a. 各班型50人起开班

★b. 初试网报阶段选择"不区分研究方向"

二、报考指南

北航2021年MBA项目招生采用提前批面试和正常批面试相结合的方式,具体请参照面试流程图、招生时间表和面试批次表完成报考步骤。

考生请于2020年6—10月期间访问北航MBA教育中心网站 http://mba.buaa.edu.cn/

登录"考生服务系统" https://mbacss.buaa.edu.cn/

如实填写提交申请材料,选择面试批次。提前批面试科目:综合素质测评(个人面试)。

（一）面试流程图

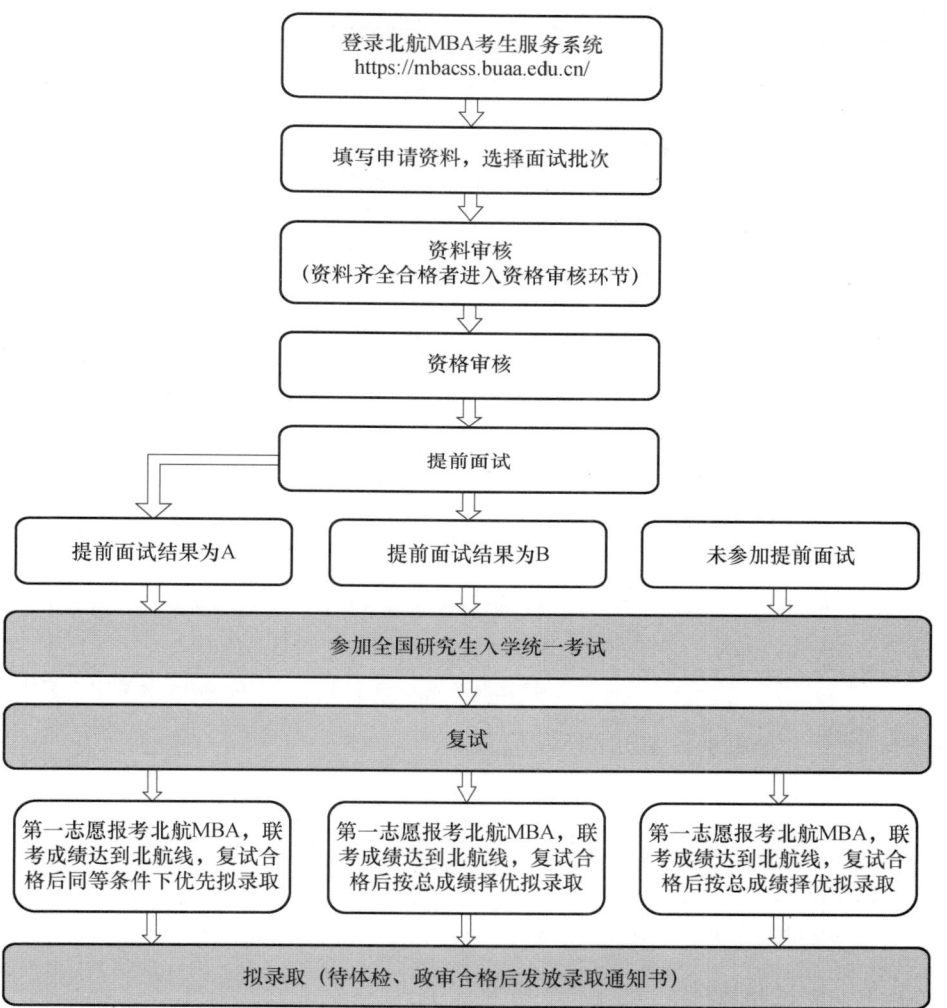

（二）招生时间表

招录步骤	时间	事项
提前批面试申请	2020年6—10月	详细内容见下方提前批面试流程分解图
全国管理类联考报名	2020年10月	登录中国研究生招生信息网报名，网址为 http://yz.chsi.com.cn 或 http://yz.chsi.cn
确认	2020年11月8—10日	考生凭报名号到选择考点进行信息确认和照相，现场确认后，方可考试

续表

招录步骤	时间	事项
打印准考证	2020年12月19—25日	准考考生可凭网报"用户名"和"密码"登录中国研究生招生信息网下载准考证并打印。考生凭下载打印的准考证及有效居民身份证参加初试
全国管理类联考	2020年12月26日	考试科目为：管理类联考综合能力、英语二
全国管理类联考成绩公布	2021年2月中下旬	考生自行在北航研究生招生信息网上进行查询并下载打印，北航不寄发纸质成绩单。网址为：http://yzb.buaa.edu.cn/
复试	2021年3月	1. 北航为自主确定复试分数线的学校，联考成绩达到北航复试线的考生均需参加复试且提交复试审核材料； 2. 北航复试线一般于3月在北航研究生院网站和北航MBA教育中心网站公布； 3. 提前批面试结果为A的考生复试科目：思想政治理论笔试，英语听力笔试；英语口语面试，思想品德面试； 4. 提前批面试结果为B及未参加提前批面试的考生复试科目：思想政治理论笔试，英语听力笔试；综合素质能力面试，英语口语面试，思想品德面试
录取	2020年3—6月	1. 拟录取结果一般于4月在北航MBA教育中心官方网站公示； 2. 拟录取考生在政审和体检审核通过后，获得正式录取资格，6月下发纸版录取通知书
新生入学	2020年5—9月	5月新生入学导向； 9月新生报到，正式入学

★表内信息如有变化，以网站实时通知为准。

（三）面试批次表

批次	申请截止时间	公布面试资格	面试时间（暂定）	公布面试结果
一批	8月9日（周日）	8月19日（周三）	8月29日（周六）	9月4日（周五）
二批	8月9日（周日）	8月19日（周三）	8月30日（周日）	9月4日（周五）
三批	8月22日（周六）	9月2日（周三）	9月12日（周六）	9月18日（周五）
四批	8月22日（周六）	9月2日（周三）	9月13日（周日）	9月18日（周五）
五批	9月6日（周日）	9月16日（周三）	9月26日（周六）	10月1日（周五）
六批	9月27日（周日）	10月7日（周三）	10月17日（周六）	10月23日（周五）
待定批	待定	待定	待定	待定

★a. 在线申请报满为止；安排如有变动，请以后续通知为准；面试形式另行通知；

*b. 每位考生同一自然年仅可申请一个批次提前批面试，重复申请无效；

*c. 考生申请资料合格且齐全方可进入资格审核环节，资料不合格者不予进行资格审核。

（四）提前批面试流程分解图

* 参考 2021 年之前历年面试批次的数据。

三、申请信息示例

◆ **个人信息**

* 姓名：

* 姓名拼音：

* 性别：

* 移动电话：

* 出生日期：

* 证件类别：

* 证件号码：

* 户籍所在地：　　　　　　　　　　* 户籍详细地址：

* 居住地址：　　　　　　　　　　　* 婚姻状况：

* 民族：　　　　　　　　　　　　　* 政治面貌：

* 档案所在单位：　　　　　　　　　* 档案所在单位地址：

```
身份证正面
（上传文件限制大小 3MB）
```

```
身份证反面
（上传文件限制大小 3MB）
```

```
* 个人所得税完税证明
（上传文件限制大小 3MB）
```

请指定一位紧急联系人

* 紧急联系人姓名：　　　　　　　　* 紧急联系人电话：

* 家庭成员 1：

家庭成员 2：

家庭成员 3：

◆ **教育背景**

* 毕业时间：（精确到月份即可）　　* 毕业院校：

* 所学专业：　　　　　　　　　　　* 学历：

*学位： *证书类别：
*学历证书编号： *学位证书编号：
*学习形式：

*学历证扫描件 （上传文件限制大小 3MB） 请上传毕业证书彩色图片。学历为专升本、自考独立本科段的，需同时填写专科学历信息	学位证扫描件 （上传文件限制大小 3MB） 请上传学位证书彩色图片。双学位的请拼图后上传
*成绩单扫描件 （上传文件限制大小 3MB） 请上传成绩单原件，或成绩单复印件加盖存档处/学校档案馆红章的彩色图片。此成绩单面试当天需提交，且不退还	*学历认证报告 （上传文件限制大小 3MB） 可上传"中国高等教育学历认证报告"或"教育部学历证书电子注册备案表"（须包含清晰的二维码）；外国学历的须上传"国外高等教育文凭认证证书"

◆ 培训教育

*培训名称： *总学时：
*培训起始日期： *培训终止日期：
*培训内容： *培训形式：

培训证书上传 （上传文件限制大小 3MB）

◆ 职业经历

*实际工作单位： *单位地址：
*开始日期： *终止日期（工作至今选择今日即可）：
*上市情况： *单位性质：
*所属行业： *年收入（万元）：
*公司总资产（万元）： *公司年销售额（万元）：

＊单位员工人数： ＊下属员工人数：
＊所在部门： ＊担任职务：
＊职务级别： ＊工作职责：

目前直接汇报的上级情况

＊直接上级姓名： ＊直接上级职务：
＊证明人及联系方式：

```
组织机构图
（上传文件限制大小 3MB）
现工作单位的组织结构图必须
上传
```

◆ **创业经历**

＊单位全称： ＊单位地址：
＊行业类别： ＊开办时间：
＊主营业务内容： ＊公司注册资金（万元）：
资金来源： 融资情况：
＊本人出资： ＊本人所占股份（百分比）：
＊核心团队创业人数： ＊公司员工总数：
＊工作职位： ＊下属员工人数：
＊工作职责： ＊最近一年营业额（万元）：
＊公司简介或前景分析：

```
＊营业执照                           ＊公司章程
（上传文件限制大小 3MB）        （上传文件限制大小 3MB）
```

◆ **海外经历**

＊出国（境）目的： ＊出国（境）日期：
＊回国日期： ＊所在国家（地区）：
＊所去单位： ＊派出单位：
＊说明：

```
        ┌─────────────────────────┐
        │      ＊批文／证书         │
        │ （上传文件限制大小 3MB）  │
        └─────────────────────────┘
```

◆ **外语水平**

＊语种：   ＊外语等级：

＊证书发放单位：

```
        ┌─────────────────────────┐
        │      ＊证书扫描图片        │
        │ （上传文件限制大小 3MB）  │
        └─────────────────────────┘
```

◆ **职业资格**

＊资格名称：   ＊资格类别：

＊资格级别：   ＊取得途径：

＊资格审批单位：   ＊取得资格日期：

```
        ┌─────────────────────────┐
        │   ＊专业技术任职资格证书    │
        │ （上传文件限制大小 3MB）  │
        └─────────────────────────┘
```

◆ **获奖情况**

＊奖项名称：   ＊奖项排名：

＊奖项类别：   ＊奖项批准机关名称：

＊奖项设置：   ＊授予荣誉名称级别：

```
        ┌─────────────────────────┐
        │     ＊获奖证书上传        │
        │ （上传文件限制大小 3MB）  │
        └─────────────────────────┘
```

◆ **推荐人**

＊推荐人姓名：   ＊推荐人工作单位：

＊推荐人职务（职称）：   ＊推荐人电子邮箱：

＊推荐人移动电话：

＊推荐信上传
（上传文件限制大小 5MB）

四、推荐信格式

推荐信有中英文两个版本，考生和推荐人可以根据自身情况选择填写中文版或者英文版。

北京航空航天大学的推荐信中的内容每年基本是一样的，以下给出近两年北航 MBA 推荐信的内容。

北航 MBA 推荐信

致推荐人：

兹有被推荐人报考北京航空航天大学经济管理学院工商管理硕士（MBA）。衷心感谢您在百忙之中拨冗填写本推荐信。请您完整填写下列内容，如果您有其他补充，请附在表后。请用信封密封，并在封口处签名后交还被推荐人，由被推荐人随其他申请资料一并提交给北京航空航天大学经济管理学院 MBA 教育中心。

被推荐人姓名：＿＿＿＿＿＿＿＿＿＿ 职务：＿＿＿＿＿＿＿＿＿＿＿＿

1. 您在何种场合认识申请人？认识申请人已有多长时间？
How long and in what capacity have you known the applicant?

2. 请您评价申请人的突出优点及特点。
Please list the most outstanding talents or characteristics of the applicant.

3. 在您看来，该申请人的人际交往与团体工作能力如何［包括他（她）与上级、同级、下级的合作工作能力］？

Evaluate the applicant's interpersonal and team work skills, including his or her ability to work with peers, subordinates and supervisors.

4. 请就以下各项对申请人进行评估：

	优秀	良好	平均	低于平均	无法判断
道德品质					
组织管理潜能					
想象力与创造力					
适应性与灵活性					
逻辑思辨能力					
分析判断能力					
表达能力					
领导能力					
英语程度					

5. 您认为申请人在哪些方面需要进一步提高？

In your opinion, in what areas can the applicant improve?

6. 请给出您对被推荐人的总体评价：

○极力推荐　　　　　　　　　　○推荐

○有保留的推荐　　　　　　　　○不推荐

推荐人姓名		职务/职称	
单位			
地址			
邮政编码		电话	传真

推荐人签名 _____　　日期 _____

五、申请短文示例

*请描述您在过去工作中所取得的成就,或有助于评委更好地了解您的信息。请简要陈述(500字以内)。

【撰写指导】建议两种写法:

一是可以写一件事,但是需要写清楚背景、遇到的问题、解决方法和结果;

二是可以简单汇总多件事情,同一类型的写在一起,分几个维度来写。

不管哪一种都要突出成绩进行量化。

【短文示例】

第一,成功实施了公司内部数据库架构优化项目,帮助业务部门提升了工作效率,得到公司领导和业务部门的一致好评。

2012年业务部门提出业务系统的反应速度慢、高峰时段出现过无法正常开展工作的情况,严重影响了公司业绩。我作为此项目的负责人,组织各业务部门主管沟通,详细了解实际存在的问题、影响范围、造成损失的情况。得到这些信息后,我们分析产生问题的原因、提出方案并讨论可行性。通过各部门协调合作,在不影响正常业务开展的情况下,我们成功实施了一系列优化内部数据库架构的举措,明显提升了业务部门的工作效率,搭建监控平台,加快了突发事件人工介入速度。实施后,我们编写了《数据库安全使用手册》,完善了开发流程,并对开发人员进行培训,提升了开发人员的素质,防微杜渐。通过这个项目,我的沟通能力、组织协调能力、分析决策能力都得到了很大的提升。

第二,成功搭建了公司××知识库系统,使信息和知识有序化,并加速了知识的流动。

2011年时,老员工处理事情多凭经验,老员工休假时,新员工工作效率明显下降。基于核心员工流失成为很大的风险,因此我提出构建知识库系统,各个小组定期总结归纳。这种做法提高了部门抗风险能力以及故障解决速度。事后知识库系统应用被推广到其他部门,公司的知识资产得到了有效管理。

第五节 上海交通大学

*以下信息摘自上海交通大学安泰经济与管理学院的官网。

一、招生简介

（一）招生方式

上海交通大学安泰经济与管理学院 2021 年 MBA 招生采取"5+1"的方式：

> 5次提前批面试 ＋ 1次正常批面试

上海交通大学安泰 MBA 项目将进一步加大提前批面试的力度。在招生政策上，2021 年入学 MBA 分数线将参照全国管理类联考国家东部线，基本录取原则如下：

参加提前批面试获得"国家线预录取"资格的考生，联考成绩达到国家线且政治成绩合格后可直接获得拟录取资格；

其他考生联考成绩达到国家线后，按"笔试分＋面试分＋附加分"的总成绩排名从高到低的原则择优录取。

（二）项目设置

2021 年上海交通大学安泰经济与管理学院 MBA 分为全日制和非全日制项目，以下分别介绍：

2021 年班型分类

班型	全日制		非全日制		
项目	IMBA 国际 MBA 项目	CLGO 中国全球运营领袖项目	MBA 金融班	MBA 综合班	MBA 人工智能班
授课时间	周一到周五	周一到周五	综合班：工作日两个晚上与周末一天 或周五下午、晚上、周六一天 或隔周周五、周六、周日三天 金融班/人工智能班：工作日两个晚上与周末一天		
语言	全英语	双语（英语教材）	中文		
学制	2 年	2.5 年	2.5 年		
学费	32.8 万元	32.8 万元	45.8 万元		
交费方式	分两次缴纳	分三次缴纳	分三次缴纳		

二、报考指南

针对大陆考生（相对于台湾地区考生而言），交大安泰 2021 年入学 MBA 提前批面试政策叫作"金鹰计划"，考生可按照《金鹰计划申请流程图》和《提前批面试日程安排表》完成报考步骤。

官方网址：https://mba.sjtu.edu.cn/index.html

（一）金鹰计划申请流程图

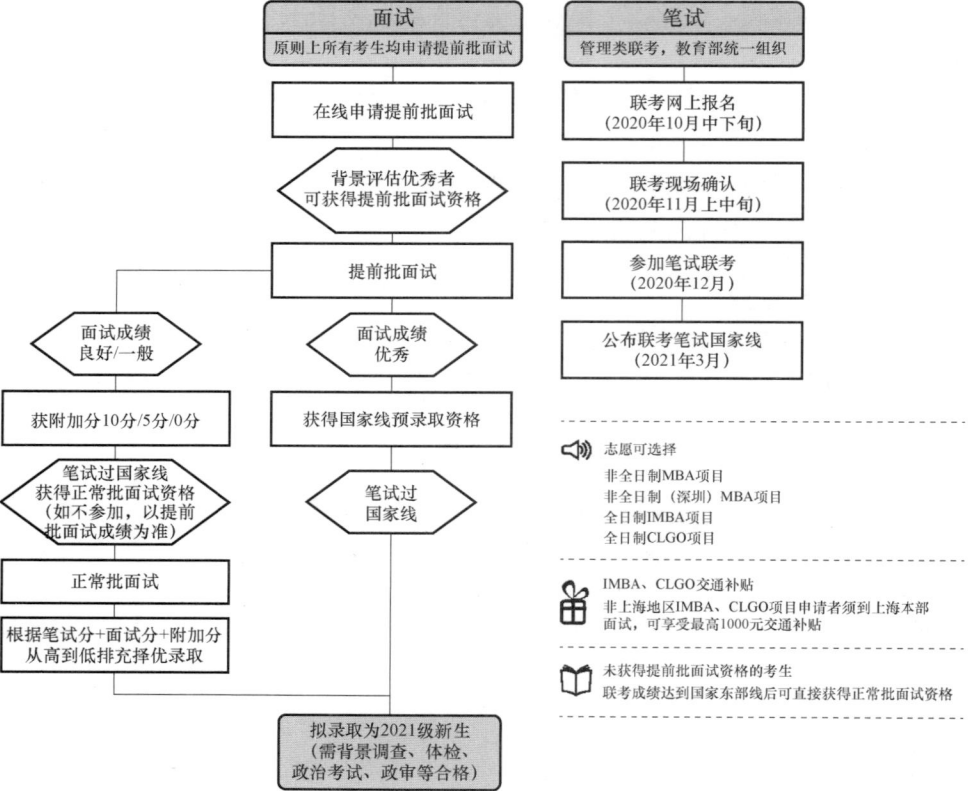

（二）2021 年入学提前批面试日程安排表

面试批次	在线申请截止 （周日）	面试名单公布 （周二）	面试时间 （周六、日）	面试结果公布 （周五）
第一批	5月17日	5月26日	5月30/31日	6月5日
第二批	7月5日	7月14日	7月18/19日	7月24日
第三批	8月23日	9月1日	9月5/6日	9月11日

续表

面试批次	在线申请截止（周日）	面试名单公布（周二）	面试时间（周六、日）	面试结果公布（周五）
第四批	10月11日	10月20日	10月24/25日	10月30日
第五批	11月8日	11月17日	11月22日	11月27日

! 注：非上海地区全日制考生须到上海本部面试，可享受最高1000元交通补贴，并建议参加全日制校园开放日活动。

（三）在招生流程上，交大安泰MBA项目秉承"公平、公正、公开、公信"的基本原则，依据以下五个步骤进行录取工作：

1. 网上申请

系统全年开放，请申请对应批次的考生按照提前批面试日程安排表提前报名申请。

报名申请网址：https://mbaapply.sjtu.edu.cn/mba/login.html

请使用IE 6.0及以上版本进行登录。网上注册成功后，请在相应批次的在线申请截止日期前完成在线申请（包括个人信息填写与电子申请材料上传）。所有电子申请材料需满足系统要求的格式与大小，且需保证上传附件的内容清晰。

项目志愿选择包括全日制IMBA项目、全日制CLGO项目、非全日制（上海）项目、非全日制（深圳）项目等。

2. 背景评估

背景评估将根据考生在线申请信息评定背景分，并公布提前批面试资格。背景评估内容包括教育背景、工作背景、外语水平、附加信息（创业经历，海外工作或学习经历，地市级奖励，资格证书等）。

① 背景评估优秀的考生 ⇒ 获得"提前批面试资格"，联考成绩达到国家东部线后可直接获得正常批面试资格或拟录取资格

② 背景评估一般的考生 ⇒ 无"提前批面试资格"，联考成绩达到国家东部线后可直接获得正常批面试资格

在背景评审上将实行"一票通过制"（即符合下述条件之一者可直接获得提前批面试资格）：

为了鼓励对国家做出突出贡献人员报考，对获得全国劳动模范、全国五一劳动奖章、全国三八红旗手等重大奖励的考生实行一票通过制；

为了鼓励自主创业的人员报考，对个人股份在 25% 以上，并已达到中型公司规模的考生实行一票通过制；

为了鼓励工作中热爱学习的考生报考，对于 GMAT 考试成绩 630 分及以上，以及 CPA、CFA、ACCA、CFP 获得者实行一票通过制。

3. 提前批面试

提前批面试全面考察考生的综合素质能力，内容包括背景评估和面试表现。面试成绩分为 3 种：优秀、良好和一般，其占比分别为：30% 左右、40% 左右和 30% 左右，其面试结果及对应的录取政策如下：

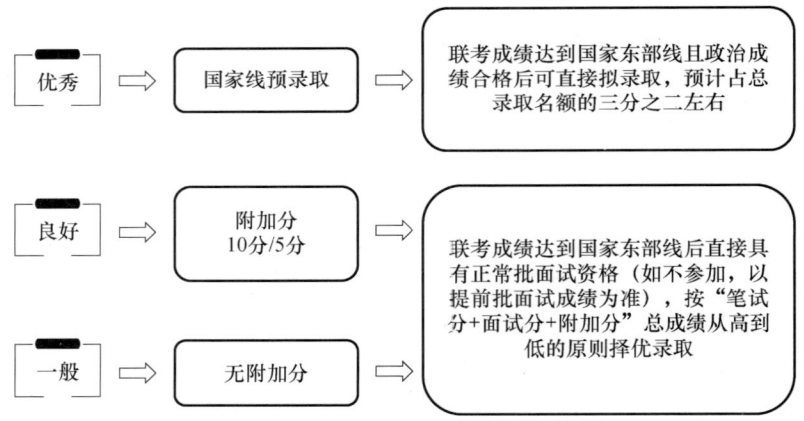

4. 全国联考

全国联考所有考生都必须参加，考生必须完成以下环节：

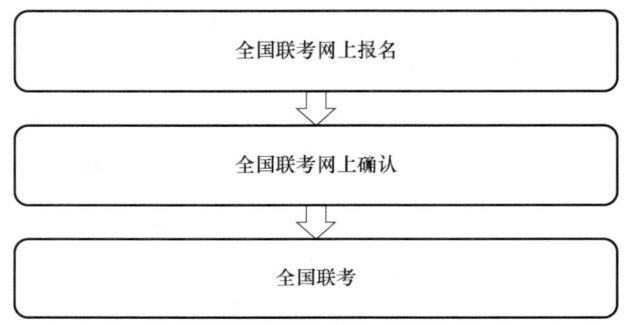

①全国联考网上报名

全国 MBA 联考报名一般为 10 月份，报名具体时间和步骤以届时教育部及我校研究生院通知为准。

中国高等教育学生信息网：http://www.chsi.com.cn

②全国联考网上确认

全国联考网上确认的时间一般为 11 月初。

考生需要在"上海交通大学研究生招生网"上完成"确认网报信息、上传本人图像照片、缴纳报名费"等。

所有考生均需对本人的网报信息进行认真仔细地核对，并予以确认。

③全国联考笔试

考试时间一般为 12 月中下旬，具体时间和地点由上海交通大学研究生院另行通知，详见准考证。

初试参加教育部统一组织的全国联考，考试科目为管理类综合能力和英语二。

考试的内容和具体要求请参考由教育部指定的考试大纲。

5. 正常批面试

联考成绩公布后，参加提前批面试获得国家线预录取资格的考生，联考成绩达到国家线且政治成绩合格后可直接拟录取；其他考生联考成绩达到国家线后按"笔试分＋附加分＋面试分"的总成绩排名从高到低的原则择优录取。

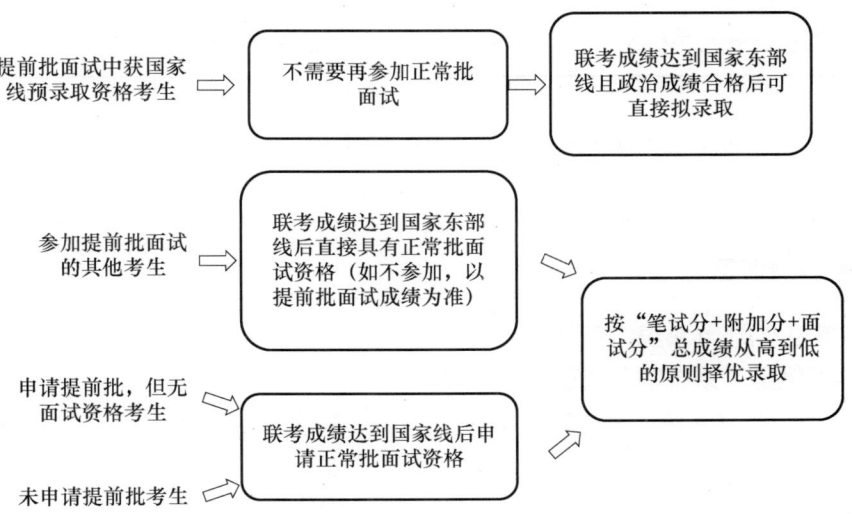

■ 由于全日制 IMBA 项目、全日制 CLGO 项目、非全日制（上海）项目、非全日制（深圳）项目单独排序录取，如果考生在报考过程中更换报考项目，原有

提前批面试结果将不再有效，须在联考成绩达国家线后，重新提交参加正常批面试的申请。

■ 所有考生须在背景调查、政治考试、体检、政审等合格通过后方可正式录取，相关要求另行通知。

■ 凡未被上海交通大学录取、但联考成绩在教育部规定的最低录取分数线以上的考生，可以调剂至其他招生院校。根据考生意愿，上海交通大学将积极协助考生的调剂事宜。

三、申请信息示例

◆ 个人信息

*姓名：	*移动电话：
*邮箱：	*所在城市：
*姓名拼音：	*英文名：
*第一志愿：(有选项)	第二志愿：(有选项)
*性别：	*身份证号：
*出生日期：	*年龄：
*工作电话（座机）：	*家庭电话（座机）：
*通信地址：	*邮政编码：
*政治面貌：	*紧急联系人姓名：
*紧急联系人手机：	*紧急联系人邮箱：

*上传个人图片

*身份证扫描

◆ 教育信息

*最高学历：(系统中有选项)
学习经历（系统中有选项）

学习阶段：(系统中有选项)	就读时间：
就读院校：	专业：
毕业证号：	学位证号：

上传学位证扫描件	上传毕业证扫描件

上传成绩单原件扫描件

英语水平

考试名称：　　　　　　　　　　　获得证书时间：
证书编号：

上传证书扫描件

其他语种

考试名称：　　　　　　　　　　　获得证书时间：
证书编号：

上传证书扫描件

◆ 工作经历

* 工作年限：　　　　　　　　　　* 管理年限：

工作经历（请按时间顺序倒序填写所有工作经历）

* 工作时间：　　　　　　　　　　* 工作单位：

* 担任职务：

目前工作情况

现公司名称（中文）：　　　　　　现公司名称（英文）：

公司性质：(系统中有选项)　　　　是否为上市公司：

公司行业：　　　　　　　　　　　经营范围（中文）：

经营范围（英文）：　　　　　　　公司人数：

公司规模（营业额）：　　　　　　公司网址：

本人担任职务（中文）： 本人担任职务（英文）：
直接上级主管领导职务： 本人下属人数：
本人工作职责简要说明： 年薪：

[上传薪资证明扫描件]

!注：薪资证明应为 2018 年 1 月 1 日之后某个时间段（连续 6 个月）的月薪或年薪证明，应由所在公司人事部门或财务部门盖章证明。如公司无法提供相关证明，则本人的入职合同、注明职位及薪资的 Offer、年终薪资调整证明、个人所得税税单等皆可。

薪酬开始时间： 薪酬结束时间：

[上传公司组织结构图] [上传个人名片]

人事负责人姓名： 人事负责人邮箱：
人事负责人联系电话： 人事负责人通信地址：

境外工作经历

境外起止时间： 国家：
工作单位： 内容：

[上传境外经历相关证明]

◆ **附加信息**

创业经历

公司名称： 创业时间：
本人职务： 个人股份：
注册资本： 年营业额：

[上传营业执照扫描件] [上传公司章程扫描件]

[上传营业报表扫描件]

职业资格证书

获得时间：　　　　　　　　　　证书名称：
证书编号：　　　　　　　　　　颁证机构：

[上传职业资格证书扫描件]

获奖经历

获得时间：　　　　　　　　　　获证内容：
获证级别：　　　　　　　　　　颁证机构：

[上传获奖证书扫描件]

专利证书

申请时间：　　　　　　　　　　专利类型：
作者顺序：　　　　　　　　　　申请状态：

[上传专利证书扫描件]

四、申请短文示例

◆ 个人论述

＊请简要介绍你目前所在企业或组织的情况（行业地位、主要产品或服务等），你主要的工作职责与上下级汇报体系，并画出组织结构图（组织结构图上请标注你个人所处位置，在"工作经历"或"上传文档"页上传）。你认为所处的行业有什么发展趋势？（不超过300字）

【撰写指导】主要体现两部分内容：

一是本企业在行业内的地位；

二是本人在本企业的作用和价值。

要有具体数据和案例支撑两者的地位。体现企业在行业中的发展前景，体现个人对于企业的重要价值。

第六节 复旦大学

＊以下信息摘自复旦大学MBA项目的官网。

一、招生简介

（一）招生方式

2021年复旦MBA项目要求全体考生在联考前参加预审，联考后将不再安排复试。

根据复旦MBA"全员预审，全年预审"的政策，考生在全国MBA联考之前需在复旦大学MBA官方网站预审系统提交完整的入学申请，进行背景评估、小组面试和个人面试。

（二）项目设置

2021年复旦MBA项目针对大陆考生、港澳台地区考生和留学生有不同的报考条件和报考流程，本书只详细给出了针对大陆考生的报考指南。

复旦MBA包括：

1. 复旦MBA项目（非全日制）
2. 复旦国际MBA项目（全日制）

项目	复旦 MBA 项目 （非全日制）	复旦国际 MBA 项目 （全日制）
报考条件	1. 本科毕业后，满 3 年及以上工作经验； 2. 大专毕业后，满 5 年及以上工作经验； 3. 硕士或博士毕业后，满 2 年或 2 年以上工作经验	1. 本科毕业后（有学士学位），满 3 年及以上工作经验； 2. 硕士或博士毕业后，满 2 年或 2 年以上工作经验
招生人数	700 余名	100 名学生 （含国际生）
学费	419800 元	319800 元
学制	2 年半	2 年
上课方式	周二晚＋周六全天，或周四晚＋周日全天，或周六＋周日上课（非沪籍学生可优先选择周六＋周日上课）	全脱产学习，周一至周五上课
语言	以中文授课为主	全英文授课
其他	—	学生可转户口档案

＊以上学费为 2020 级学费，2021 级学费待发布。

＊学费分四学期缴纳（留学生分两学年缴纳）。

＊学费以学校财务部门公示为准。

二、报考指南

复旦大学 2021 年 MBA 招生将在全国硕士研究生招生考试基础上全面采用提前批面试形式，具体请按照《预审流程图》和《预审时间安排表》完成报考步骤。

官方网址：https://www.fdsm.fudan.edu.cn/fdmba

（一）预审申请及面试（2020年3月至11月）

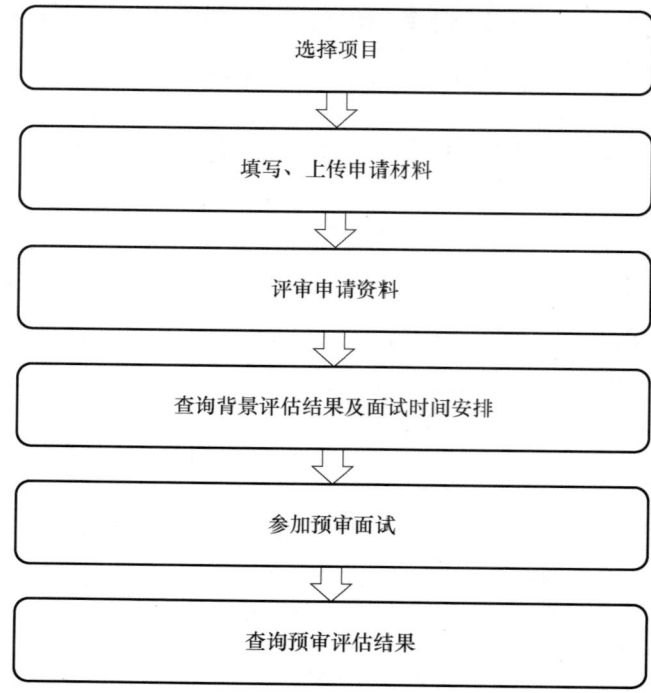

复旦MBA项目（非全日制）预审流程图

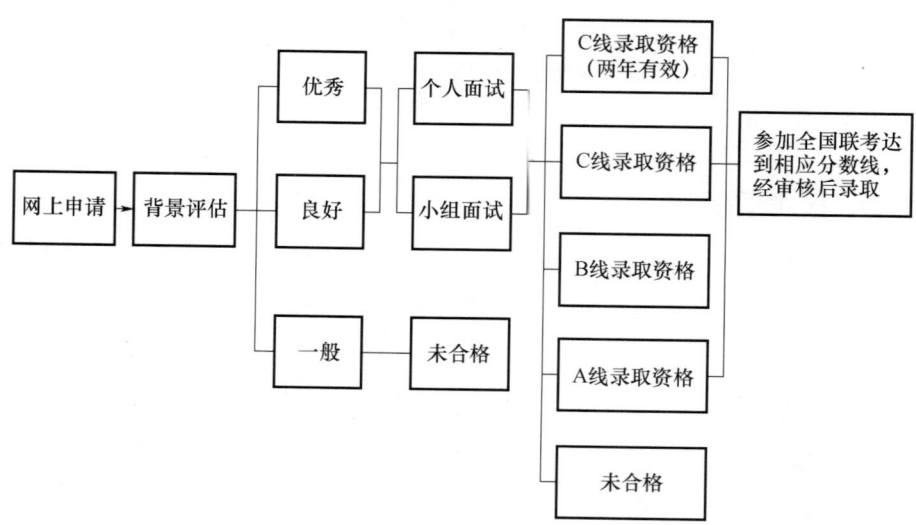

复旦国际 MBA 项目（全日制）预审流程图

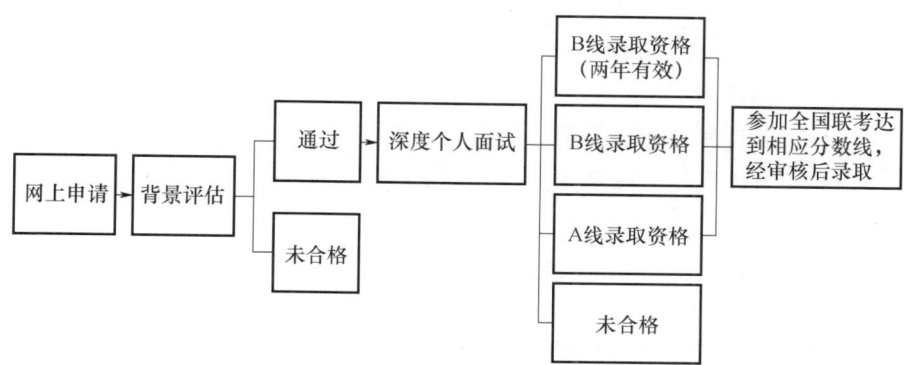

1. 选择项目

单击"在线申请"后，选择计划申请的项目，并进入其对应的"预审入口"，使用注册好的用户名和密码即可登录。请注意，不同项目的"预审入口"链接不同，但可以使用同一用户名和密码登录。

考生可登录复旦 MBA 报考服务系统，根据自己的情况进入不同的报名入口。
https://www.fdsm.fudan.edu.cn/fdmba/info_apply.html

2. 填写、上传申请材料

复旦 MBA 项目要求全体考生在联考前参加预审，联考后将不再安排复试。

前一年结果为在职 C 线两年或国际 B 线两年有效者，必须在预审系统中完成当年申请，才能获得前一年预审结果。

复旦大学 2020 年 MBA 预审时间安排（2021 年入学）

时间安排	预审材料递交（截止日）	面试名单公布	面试时间	面试结果公布
第一轮	2020 年 5 月 10 日	5 月 15 日	5 月 26、27 日	6 月 5 日
第二轮	2020 年 7 月 5 日	7 月 10 日	7 月 21、22 日	7 月 31 日
第一轮网络（全日制）	2020 年 7 月 5 日	7 月 10 日	面试时间另行通知	7 月 31 日
第三轮	2020 年 8 月 30 日	9 月 4 日	9 月 15、16 日	9 月 25 日
第四轮	2020 年 11 月 1 日	11 月 6 日	11 月 17、18 日	11 月 27 日
第二轮网络（全日制）	2020 年 11 月 1 日	11 月 6 日	面试时间另行通知	11 月 27 日

◆ 针对全日制 MBA 项目，江浙沪以外申请人可申请网络面试，预审材料递交日期同上表，具体面试日期另行通知。

◆ 复旦大学 MBA 项目对招生流程拥有最终解释权。

3. 评审申请资料

复旦大学管理学院 MBA 录取委员会将对申请人提交的申请材料进行评审、打分。申请在职 MBA 项目的申请人，背景评审得分标准为：

60 分及以上者 ——→ 优秀

50 分及以上者 ——→ 良好

低于 50 分 ——→ 一般

4. 查询背景评估结果及面试时间安排

在每轮背景评估之后，获得优秀及良好的申请人有资格参加面试。

申请人可以通过预审系统查询预审结果后，在给出的面试时间内进行选择，如未选择将被随机分配。面试当天如申请人无故缺席，将视作自动放弃当年的申请，该入学年份内将不再被接受申请。

5. 参加预审面试

复旦 MBA 项目（非全日制）面试内容：小组讨论、个人面试。

国际 MBA 项目面试内容：深度个人面试。

面试内容	小组讨论	个人面试	深度个人面试
形式	无领导讨论	二对一方式单独进行	二对一方式单独进行
时长	每组 30 分钟	每人 15 分钟左右	每人 30~45 分钟左右

6. 查询预审评估结果

面试后 10 个工作日内，申请人可以通过预审系统查询面试结果。

根据背景评估和面试的结果会得到不同等级的录取资格，具体见下表。

MBA 项目（非全日制）录取资格矩阵图

背景评估优秀		个人面试		
		优	良	一般
小组面试	优	C 线录取资格（两年有效）	C 线录取资格（两年有效）	B 线录取资格
	良	C 线录取资格（两年有效）	C 线录取资格	B 线录取资格
	一般	B 线录取资格	B 线录取资格	未合格

背景评估良好		个人面试		
		优	良	一般
小组面试	优	C线录取资格（两年有效）	C线录取资格	B线录取资格
	良	C线录取资格	B线录取资格	A线录取资格
	一般	B线录取资格	A线录取资格	未合格

（二）全国MBA联考报名及笔试（2020年10—12月）

通过预审面试获得录取资格的考生都需要报名和参加全国管理类专业硕士联考（MBA联考）。

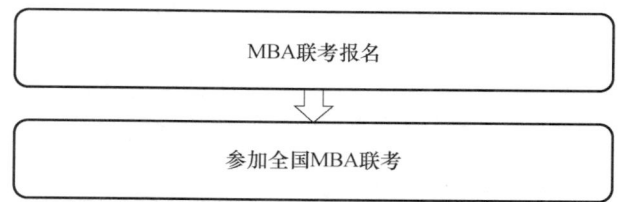

1. 全国MBA联考报名

全国MBA联考报名一般为10月份，报名具体时间和步骤以教育部和复旦大学研究生院通知为准。

中国研究生招生信息网网址：http://yz.chsi.com.cn

复旦大学管理学院MBA项目网址：http://www.fdsm.fudan.edu.cn/fdmba

2. 全国MBA联考笔试

考试时间一般为12月份，具体时间以教育部和复旦大学研究生院通知为准。

全国MBA联考考试科目为管理类综合能力和英语二。

考试的内容和具体要求请参考由教育部指定的考试大纲。

（三）拟录取（2021年3—4月）

MBA联考成绩一般于2月公布，国家线于3月公布。

全国MBA联考成绩公布后，复旦大学管理学院MBA项目会划定当年的A/B/C档录取分数线（国际MBA/S3亚洲MBA项目为A/B两档分数线）。在当年全国MBA联考中，申请人的总分及单项分数不低于在预审中获得相应录取资格线者即为拟录取。

如因个人原因放弃当年拟录取资格者，其名额将在符合当年复旦大学管理学院的替补申请资格的申请人中通过评审委员会进一步评审后进行替补。

（四）正式录取（2021年5—7月）

拟录取申请人在学历验证、申请材料及档案审查通过后获得正式录取资格，在与复旦大学签署培养协议后，将获得正式录取通知书。

（五）入学（2021年9月初）

新生将在2021年9月初按录取通知书上规定的时间入学报到。

三、申请信息示例

◆ **个人信息**

* 姓：　　　　　　　　　　　　　　＊名：
* 姓名拼音：　　　　　　　　　　　＊性别：
* 出生日期：　　　　　　　　　　　＊国家/地区：
* 证件类型：　　　　　　　　　　　＊证件号码：
* 民族：　　　　　　　　　　　　　＊政治面貌：
* 出生地：

| 半年内两寸彩色免冠照片 | 身份证正反面上传 |

英文信息

* 公司名称（英文）：　　　　　　　＊职位（英文）：
* 最高学历毕业院校（英文）：　　　＊学历/学位（英文）：

家庭成员

* 姓名：　　　　　　　　　　　　　＊关系：
* 工作单位：　　　　　　　　　　　＊职位：
* 手机：

◆ **教育信息**

* 最高学历：（系统中选择硕士/博士后，填写款项与本科相同）

本科教育信息

* 毕业证书号码：　　　　　　　　　＊学位证书号码：
* 学习形式：　　　　　　　　　　　＊学科背景：
* 学校地区：　　　　　　　　　　　＊学校名称：

*学习起始时间：　　　　　　　　　　*学习完成时间：
*专业：
*所属一级学科：（网页中有选择项）
*平均绩点：　　　　　　　　　　　　*学历学位获得时间：
*是否专升本：　　　　　　　　　　　*所获证书：（网页中有选择项）

毕业证书上传	学位证书上传
学历认证报告	成绩单

高中教育信息

*高中学校名称：　　　　　　　　　　*学校所在地：
*高中学习开始时间：　　　　　　　　*高中学习完成时间：

考试 / 语言

GMAT：

考试时间：　　　　　　　　　　　　　成绩：

成绩单上传

GRE：

考试时间：　　　　　　　　　　　　　成绩：

成绩单上传

TOEFL：

考试时间：　　　　　　　　　　　　　成绩：

成绩单上传

IELTS：

考试时间： 成绩：

```
┌─────────────────────────┐
│                         │
│        成绩单上传        │
│                         │
└─────────────────────────┘
```

英语：（选项为：流利、中等、一般）

听： 说：

读： 写：

◆ **荣誉奖励**

荣誉证书 –1

获奖荣誉： 颁发机构：

荣誉等级：（网页中有选择项） 授予时间：

```
┌─────────────────────────┐
│                         │
│      荣誉证书 -1 上传     │
│                         │
└─────────────────────────┘
```

专业资格证书 –1

资格证书名称： 颁发机构：

授予时间：

```
┌─────────────────────────┐
│                         │
│    专业资格证书 -1 上传    │
│                         │
└─────────────────────────┘
```

◆ **工作经历**

* 全职工作年限： * 管理年限：

* 单位名称： * 单位简称或备注：

* 单位性质： * 工作行业：（网页中有选择项）

* 开始时间： * 结束时间：

* 单位地址： 单位网址：

* 单位邮编： * 单位电话：

* 本人担任职务： * 担任此职务年限：

* 职务级别： * 职能：

＊是否自主创业：　　　　　　　　　　＊是否是上市公司：
＊所在单位的员工人数：　　　　　　　＊直接下属员工人数：
＊年营业额（万元）：　　　　　　　　＊基本年薪（万元）：
＊资产总额（万元）：　　　　　　　　其他固定收入：

其他专长

以下均是选择题，网页中有选择项，分别为强、一般、弱。

＊财务会计：　　　　　　　　　　　　＊市场营销：
＊金融投资：　　　　　　　　　　　　＊生产运营：
＊组织行为：　　　　　　　　　　　　＊项目管理：
＊信息技术：　　　　　　　　　　　　＊供应链管理：
＊办公软件技术：　　　　　　　　　　＊定量分析技能：

名片上传	单位组织架构图上传

个税税单上传

四、推荐信格式

推荐信有中英文两个版本，考生和推荐人可以根据自身情况选择填写中文版或者英文版。

◆ 推荐人信息

＊推荐人姓名：　　　　　　　　　　　＊推荐人公司：
＊推荐人职位：　　　　　　　　　　　＊推荐人地址：

＊如果您和复旦管院或复旦大学有关联，请指出
○教师 Faculty
○行政员工 Staff
○复旦管院校友 School of Management graduate
○复旦大学校友 University graduate
○无关联 Not affiliated
○其他 Other

如果你选择了其他，请指明：

◆ **推荐信内容**

1. 您认识申请人有多久？是何种联系？请说明你们的接触频率。

How long have you known the applicant and in what context? Please comment on the frequency of your interaction.

2. 就您所知，申请人与同级相比工作能力如何？取得过哪些重要成绩？

As far as you know, how does the applicant work compared to his or her peers? What important achievements has the applicant achieved?

3. 请评估申请人在以下方面给您留下的印象。

项目	强项 Strength	一般 Average	弱项 Weakness
★ 职业态度 Professionalism			
★ 分析和解决问题能力 Analytical and Problem Solving Ability			
★ 人际交往与团队精神 Interpersonal Skill/Team Work			
★ 沟通表达能力 Communication Skills			
★ 领导能力 Leadership Ability			
★ 创新能力 Innovation Ability			
其他能力 Other Ability			
如果您填写了其他能力，请注明。If you mention the other ability, please specify			

4. 复旦 MBA 项目的目标是培养具有全球视野又深谙中国国情的"青年精英，未来领袖"。您认为申请人在多大程度上符合此目标？并请给出您的理由。

The goal of the Fudan MBA program is to cultivate "Young elite, future leader" with a global perspective and a deep understanding of China's national conditions. How much do you think the applicant meets this goal? please give your reasons.

五、申请短文示例

（一）个人论述

*1. 请简要介绍你目前所在企业或组织的情况（行业地位、主要产品或服务等），你主要的工作职责与上下级汇报体系，并画出组织结构图（组织结构图上请标注你个人所处位置，在"工作经历"或"上传文档"页上传）。你认为所处的行业有什么发展趋势？（不超过300字）

【撰写指导】主要体现两部分内容：

一是本企业在行业内的地位；

二是本人在本企业的作用和价值。

要有具体数据和案例支撑两者的地位。体现企业在行业中的发展前景，体现个人对于企业的重要价值。

*2. 复旦MBA项目的目标是培养具有全球视野又深谙中国国情的"青年精英，未来领袖"。请描述一项你所参与或领导过的最重要的工作，并说明你在其中是如何发挥领导力并创造持久价值的。（不超过500字）

【撰写指导】最有价值的一件事。一定要选取多年工作中最能体现个人价值的事件，重点要突出在事件中的领导作用。同时如果能够兼顾体现个人的职业素养、职业技能、创新力等就更为可取。

*3. "勇担社会责任，成就未来精英"是复旦MBA学生全面发展的目标。请你描述自己短期和长期职业发展规划，并说明在复旦MBA的学习将如何帮助你实现自己的目标。（不超过500字）

【撰写指导】典型的职业规划类问题。这类问题不能写得过于虚。短期规划要能够切实落地，长期规划也要有据可依。并且两者都需要有具体的实现步骤。短期规划可以结合MBA学习，长期规划可以结合MBA价值的传播和应用。

4. （可选）你是否需要补充其他陈述以帮助复旦大学MBA项目招生委员会更全面地评估你的申请？（不超过300字）

【撰写指导】只要前面文章中没有体现的，你个人觉得还有必要加强的，在此都可以进行描述。

（二）政治笔试

第1题必答，第2、3题二选一。政治考分不计入总成绩，但政治成绩不合格者不予录取，请认真作答。

*1. 作为希望攻读MBA的同学，除了专业学习，你认为还需要在通识或人文价值观方面补哪些课，为什么？

【撰写指导】每个学校都不止商学院一个学科，还有更多涉及人文、科学等多个学科。学员应该对所报考院校的其他专业也有更多的认识，认真考虑除了商学院之外在其他领域有何需求。因此，可以多了解复旦的其他学科特色。

2. 过去的2019年，中国国家发展既有凯歌，也有风雨。在你看来，什么事情让你印象深刻，其意义何在？（如不答此题，请在答案框内填写"不答"）

【撰写指导】典型的时事类问题，考察学员对社会的关注度。可以百度2019年发生的社会热点，尤其一些负面新闻，找出来做一下评价和阐述。重点在于对事件本身的自我认识，要在正面、积极、主流的价值观引导下进行评述。

3. 你认为中美贸易战的深层原因是什么，可能结果又会怎样；并将对中国与世界的关系产生怎样的影响，何以见得？（如不答此题，请在答案框内填写"不答"）

【撰写指导】探求贸易战的原因可以从多个维度进行阐述。例如：

从经济角度上看：
①中美之间的贸易不对称。
②美国国内的经济下滑压力。
③中国经济快速崛起打破既有的经济平衡等。

从政治角度上看：
①特朗普为连任做铺垫。
②在战略上延缓中国的国际影响力的增长。
③抑制中国制造2025的推进。

⚠注：今年的最后一个政治笔试已改为：最近一个时期，政府与学界关于"百年未有之大变局"多有讨论，请谈谈你对所谓"百年未有"的看法，"大变局"又意味着什么？（如不答此题，请在答案框内填写"不答"）

第七节　华东理工大学

★以下信息摘自华东理工大学 MBA 项目的官网。

一、招生简介

（一）招生方式

2021 年华东理工大学 MBA 招生采取"优秀学员选拔计划"的方式，对于未参加"MBA 优秀学员选拔计划"的考生，在华东理工大学 MBA 复试分数线公布后，可申请参加常规面试。可简单理解为：提前批面试＋正常批面试结合的招生方式。

（二）报考条件

1. 中华人民共和国公民。
2. 拥护中国共产党的领导，愿为社会主义现代化建设服务，品德良好，遵纪守法。
3. 学历要求：
- 大学本科毕业后有 3 年或 3 年以上工作经验的人员；
- 获得国家承认的高职高专毕业学历后，有 5 年或 5 年以上工作经验，达到与大学本科毕业生同等学历的人员；
- 已获硕士学位或博士学位并有 2 年或 2 年以上工作经验的人员。
4. 身体健康状况符合国家和我校相关专业规定的体检要求。

（三）项目设置

华东理工大学 MBA 包括 3 个项目：通用 MBA、国际 MBA 和中法双学位 MBA，以下将详细介绍每个项目的办学特色。

1. 通用 MBA

①在教学手段上，注重多元化教学方法的融合

以解决企业运营问题为导向，运用案例教学、翻转课堂、角色扮演、引导技术等多元化教学方法，促进学生在教学过程中深度参与、卷入、体验以提升授课效果。

②在教学设计上，注重理论与实践的统一

采用"请进来，走出去"的"企业课堂"模式：一方面，邀请企业高管、专家进入课堂授课；另一方面，通过在理论课程中嵌入国内外著名企业的参访、游学等设计，在实践中更好地理解、领悟和运用理论。

③在教学目标上，注重团队协作与领导力的塑造

通过行动学习理论以及行动学习实践课程，以团队学习的形式，运用头脑风暴、团队列名等研讨方法及思维导图、GROW 模型等技术手段，在解决企业实际运营问题的过程中，培养及提升学生的团队协作能力及领导力。

④授课方式及时间

中文非全日制、中文全日制。

2. 国际 MBA

①2+1 证书

除了可获得华东理工大学研究生学历和学位证书外，还可获得美国罗格斯大学颁发的 HR/IR Masters Certificate。

②国际化课程

美国罗格斯大学教授讲授组织管理与领导力的六门课程，既讲授国际最前沿的组织管理与领导力理论，又与中国企业管理实践紧密结合，有助于 MBA 学员从战略高度进行组织管理，从而提升组织的可持续竞争优势和绩效。

③1+1 授课模式

在具体的教学过程中，对于专业性较强的课程，采用"1+1"授课模式，即由外教主讲，中方教授助讲，以加强学员对课程的深入理解和全面把握。

④授课方式及时间

全日制。

3. 中法双学位 MBA

①双学位 MBA

不出国门，可同时获得华东理工大学 MBA 学历学位与法国南锡高等商学院颁发的 Master of Science (MoS) in Business Administration 学位证书。

②国际化生源

在中法双学位班中，本土学生与海外留学生同堂学习，不同国籍、不同肤色、不同文化背景的学生深入沟通与交流，构建国际化的人脉网络平台。

③国际化课程

根据法方商学院科学培养模式选定的核心课程和特色选修课，由法方教授讲授。让学员深入把握国际化的课程体系，熟悉亚欧商业环境，培养全球竞争力。

④独立成班，精品办学

搭建一个高层次国际化的学习交流平台，拓展学员的国际化视野以及国际化的沟通交流能力。

⑤授课方式及时间

非全日制。

2021 班型分类

班型	全日制	非全日制
项目	通用中文班 华理－美国罗格斯国际班 华理－英国华威国际班	通用中文班 大健康产业管理班 华理－法国 ICN MBA 双学位班 华理－法国雷恩 EMBA 双学位班
学制	2 年	2.5 年

二、报考指南

华东理工大学 2021 年 MBA 招生将在全国硕士研究生招生考试基础上采用"MBA 优秀学员选拔计划"的形式，考生可根据自己的具体情况，按照《面试流程图》和《优选面试时间表》完成报考步骤。

华东理工大学 MBA 项目官方网址：https://mba.ecust.edu.cn

华东理工大学 MBA 微信公众号：

面试流程图

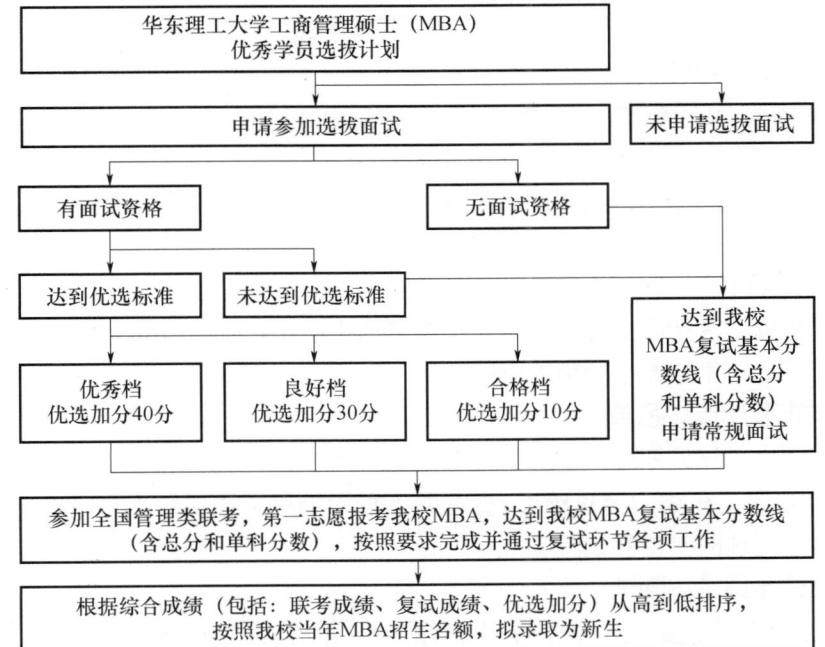

对于未参加"MBA 优秀学员选拔计划"的考生，可直接参加全国硕士研究生招生考试，在华理 MBA 复试分数线公布后，可申请参加常规面试。

1 优选申请及面试　　2 全国 MBA 联考报名及笔试　　3 复试　　4 拟录取　　5 录取和入学

（一）优选申请及面试（2020 年 5—10 月）

有意参加"优秀学员选拔计划"的申请者，须在参加 2021 年全国管理类联考前，按照以下流程申请：

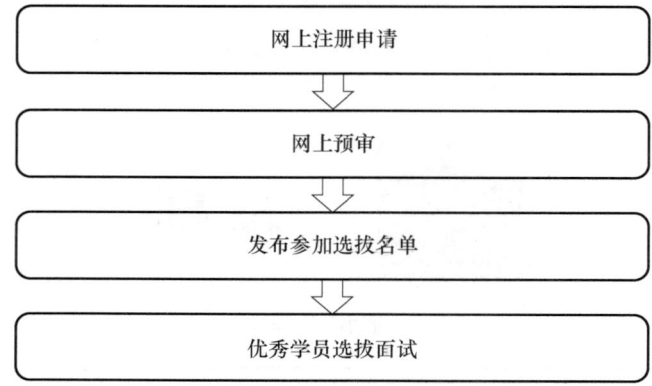

网上注册申请 → 网上预审 → 发布参加选拔名单 → 优秀学员选拔面试

1. 网上注册申请

申请者登录华东理工大学 MBA 官方网站：http://mba.ecust.edu.cn/ 或 http://ecust.netapply.cn/user/login/ecust

进行网上注册申请，选择面试时间，并真实、全面、详细地填写信息。注册申请完毕，系统会生成预审号，并提示申请者需要准备的申请材料。

2. 网上预审

申请者网上注册申请完成之后，面试专家小组将对申请者网上信息与资料进行审查和评估，筛选符合资格的申请者。

3. 发布参加选拔名单

接到邮件面试通知后，申请者可重新登录商学院"华东理工大学 MBA 优秀学员选拔计划面试在线申请系统"，查询网上预审结果。通过网上预审的申请者，按照邮件通知准时参加面试。

4. 优秀学员选拔面试

面试当天申请者要提交相关申请和证明材料。面试小组将对申请者进行全面考查。

华东理工大学工商管理硕士（MBA）优秀学生选拔实施方案（2021级）

（1）选拔原则

①公平、公正、公开；

②申请者自愿申请，学校综合评价后按优选成绩高低进行加分。

（2）申请条件

①政治思想品德合格、身体健康。

②符合当年教育部关于工商管理硕士（MBA）报考条件（参见上文"报考条件"）。

③同时，鼓励符合以下条件之一者申请：

a. 世界500强企业的中高层管理者；

b. 国有大中型企业的中高层管理者；

c. 自主创业者，个人股份占25%以上；

d. 劳动模范、五一劳动奖章、三八红旗手等重大奖励获得者；

e. 各类高级职称获得者；

f. 其他有特殊专长或具有突出培养潜质者。

（3）优秀学生选拔面试流程

面试为个人面试，面试小组将对申请者进行全面考查，时间为20分钟。其中：

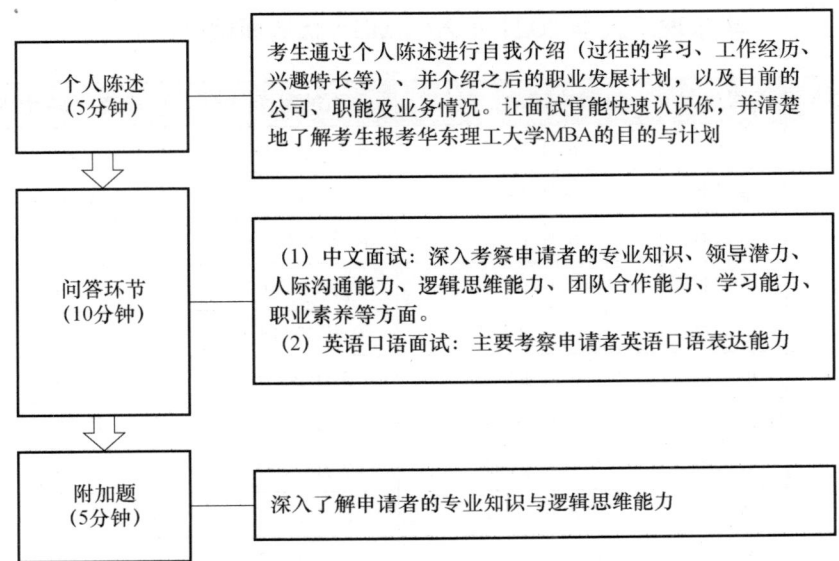

（4）优选加分政策

优选加分根据面试总分来评定，面试官根据考生的背景评估、英语能力、综合素质以及附加题回答情况进行评分。每一批次的面试结束后，将按照成绩高低，对达到优选计划入选标准的申请者给予 A 档、B 档和 C 档优选加分，对于未达到优选计划入选标准的申请者，不给予加分。申请者可于面试一周后，登录"华东理工大学 MBA 优选面试在线申请系统"查询面试结果。

优选面试加分政策如下：

A 档 ⟶ 优选加分为 40 分
B 档 ⟶ 优选加分为 30 分
C 档 ⟶ 优选加分为 10 分
D 档 ⟶ 不享受加分政策

参加优选面试的申请者，如第一志愿报考华东理工大学工商管理硕士（MBA），联考初试成绩达到报考当年我校工商管理硕士（MBA）复试分数线（含总分和单科分数），将在复试成绩基础上增加优选加分后与初试成绩一起计算综合成绩。最终将按照本专业的招生计划和综合成绩由高到低排序进行录取。

未能达到当年我校工商管理硕士（MBA）复试分数线（含总分和单科分数）的考生，不享受加分政策。

◆ 疫情防控期间不组织现场优选面试，采用网络线上面试的形式。疫情解除后，举行线下面试。具体面试形式项目部按面试批次通知。
◆ 本方案解释权归华东理工大学商学院专业学位教育中心所有。

华东理工大学 2021 年入学 MBA 优选面试时间表

面试地点	批次	在线申请截止时间	面试时间	成绩公布时间
上海	第一批	5 月 18 日	5 月 23/24 日	5 月 29 日
	第二批	6 月 29 日	7 月 4/5 日	7 月 10 日
	第三批	8 月 17 日	8 月 22/23 日	8 月 28 日
	第四批	9 月 14 日	9 月 19/20 日	9 月 25 日
	第五批	10 月 12 日	10 月 17/18 日	10 月 23 日
江苏	第一批	5 月 17 日	5 月 24 日	5 月 29 日
	第二批	6 月 15 日	6 月 21 日	6 月 26 日
	第三批	7 月 13 日	7 月 19 日	7 月 24 日
	第四批	8 月 10 日	8 月 16 日	8 月 21 日
	第五批	9 月 7 日	9 月 13 日	9 月 18 日
	第六批	10 月 5 日	10 月 11 日	10 月 16 日

以上时间为暂定时间，将根据疫情防控情况确定面试时间如何变化，以华东理工大学 MBA 官网、官微发布为准。

（二）全国 MBA 联考报名及笔试（2020 年 10—12 月）

无论考生是否参加"优秀学员选拔计划"，都需要报名和参加全国管理类专业硕士联考（MBA 联考）。

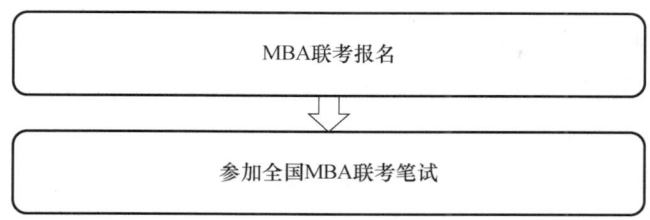

1. MBA 联考报名

全国 MBA 联考报名一般为 10 月份，报名具体时间和步骤以教育部和华东理工大学研究生院当年通知为准。

中国研究生招生信息网网址：http://yz.chsi.com.cn

华东理工大学研究生招生系统网址：http://gschool.ecust.edu.cn/

2. 参加全国 MBA 联考笔试

考试时间一般为 12 月份，具体时间以教育部和华东理工大学研究生院通知为准。

全国 MBA 联考考试科目为管理类综合能力和英语二。

考试的内容和具体要求请参考由教育部指定的考试大纲。

（三）复试（2021 年 3 月）

1. 复试资格确认

①分数线要求：考生的全国联考初试成绩需达到 2021 年华东理工大学工商管理硕士（MBA）复试分数线（包括各科分数线）要求。

2020复试分数线

英语二：44分

管理类联考综合能力：88分

总分：175分

②复试资格审查：复试考生须在规定时间内在华东理工大学 MBA 官网复试系统中提交材料进行资格审查。

提交网址：http://mba.ecust.edu.cn

资格审查按照学校 2021 年招收硕士研究生条件进行。资格审查未通过或未进行资格审查的考生一律不得参加复试。对资格审查有疑问的，学院上报校研究生招生办公室。

2. 复试材料的提交

考生提交的复试材料包括（均以电子档方式上传）：

①有效居民身份证件；

②初试准考证（中国研究生招生网已开通下载）；

③学历学位证明。

3. 复试的形式

采用网络远程复试的形式。

4. 复试的内容

复试内容包括：背景评估、面试（参照"优秀学生选拔面试流程"）、政治笔试环节。已完成"优选面试"且成绩合格的考生，无须参加复试中的背景评估与面试环节。

（四）拟录取（2021 年 3 月）

公布录取结果（拟录取名单），考生可网上查询。

（五）录取和入学（2021 年 4—9 月）

正式录取（2021 年 4 月下旬－7 月）：拟录取考生在档案审查和申请材料真实性审查通过后获得正式录取资格，与华东理工大学签署培养协议后，将于 2021 年 7 月左右收到录取通知书。

入学 (2021 年 8 月底－9 月初)：2021 级新生将于 8 月底或 9 月初正式入学。体检工作在新生报到入学后进行。

三、申请信息示例

◆ 个人信息

＊面试申请号：

＊报考方向：

＊面试批次：

＊请选择你的报考意向：

＊请选择培养方式：（面试系统为考生意向调查，最终结果以网报为准。全日制每月集中授课／非全日制周末或部分非工作时间授课）

* 姓：

* 名：

* 姓名拼音：

* 出生日期：

* 性别：

* 身份证号：　　　　　　　　　　* 电子邮件：

* 婚姻状况：　　　　　　　　　　* 城市：

* 通信地址：（请输入详细地址信息）　邮编：

* 手机：　　　　　　　　　　　　固话：

传真：

* 个人照片
（两寸免冠彩色近照）

请指定一位紧急联系人

* 紧急联系人姓名：　　　　　　　* 紧急联系人关系：

紧急联系人固话：　　　　　　　　* 紧急联系人手机：

◆ **教育信息**

国民教育最高学历/学位

* 院校名称：　　　　　　　　　　* 学历：

* 学位：　　　　　　　　　　　　* 是否全日制：

* 学习形式：　　　　　　　　　　* 分类：

* 专业：　　　　　　　　　　　　* 学习起始日期：

* 学习完成日期：　　　　　　　　* 学位/学历获得日期：

高中

* 高中学校名称：　　　　　　　　* 学校所在地：

* 高中学习开始日期：　　　　　　* 高中学习完成日期：

其他学位或学历

院校名称：　　　　　　　　　　　学校所在地：

开始时间：　　　　　　　　　　　结束时间：

所获学位：　　　　　　　　　　　获得日期：

是否全日制：　　　　　　　　　　专业：

备注：（如校名有更改，请注明原校名和现校名）

辅导班

* 您是否已经参加管理类联考考前辅导班：

* 您参加的是哪个辅导班（如果没有，请填"无"）：

◆ 所受其他培训

请列出您参加过的培训项目。

课程名称： 培训机构：

培训开始日期： 培训完成日期：

成绩：

◆ 专业资格

请列出您所获得的职称证书、专业技术资格的证书等信息。

证书名称： 颁发机构：

授予日期：

资格证书级别（国家级／省部级／地市级／专业高级证书）：

◆ 考试成绩

外语考试

考试名称（GRE/GMAT 托福／雅思／专八／专四／剑桥商务英语 /CET4/CET6）：

总分： 考试日期：

> 成绩单
> （请上传格式为 .jpg、.png、.jpeg、.pdf 的文件，大小为 2MB 以内）

其他考试

考试名称： 总分：

考试日期：

◆ 工作经历

目前工作信息

如果您正在换工作，请列上一份工作的信息。

*全职工作经验（单位：年，从毕业后计算到 MBA 入学时）：

*管理工作经验（单位：年，从毕业后计算到 MBA 入学时）：

*目前工作单位： *目前单位地址：

*是否是企业法人或合作人： *是否是 500 强企业：

*目前工作行业:(有选项) *公司性质:(有选项)

*岗位类型:(有选项) *职务：

﹡担任此职务年限：　　　　　　　　　﹡单位或集团员工数：
﹡直接下属员工数（如没有下属员工，请填写"0"）：
﹡是否是上市公司：　　　　　　　　　﹡资产总额（万元）：
﹡年销售额（万元）：
﹡近三年平均年薪（单位：万元，税前）：

以往工作经历

以最近的开始（当前工作经历除外）。

单位名称：　　　　　　　　　　　　开始时间：
结束时间：　　　　　　　　　　　　公司性质：(有选项)
岗位类型：(有选项)　　　　　　　　 行业：(有选项)
资产总额（万元）：　　　　　　　　年销售额（万元）：
职务：　　　　　　　　　　　　　　最后年薪（税前）：

◆ 荣誉与奖励

请列出您所获得的荣誉奖励。

荣誉与奖励：　　　　　　　　　　　颁发机构：
授予日期：

◆ 附件上传

以下附件大小、格式要求均为：请上传格式为 .jpg、.png、.jpeg、.pdf 的文件，大小为 2MB 以内。

﹡学历证书扫描件 （若无，需上传说明文件，经审核通过方可进入面试）	学位证书扫描件 （若无，可不用上传）
﹡电子注册备案表或学历认证报告 （下载关于教育部学历证书电子注册备案表或学历认证报告说明）	﹡大学成绩单 （下载成绩单说明，如无，需下载承诺书后上传）
﹡身份证	其他所获证书 （可上传多个附件）

四、申请短文示例

以下论述题是为了让我们对您的管理潜能、工作能力、职业发展等有进一步的了解,也是录取工作的重要环节,请对每个问题做认真考虑后如实回答。

*1. 请描述您所在单位的基本情况和您所负责的工作内容及上下级汇报体系。(300—500字)

【撰写指导】突出自己的行业、企业、职位的重要性和潜力。

可以按照问题分门别类,讲清楚单位的行业、规模、产品品牌等。描述清楚个人在组织架构中的位置,可以归类讲一下上下级的工作内容,注意重点先写,次要的略述。

*2. 您的职业发展目标是什么?请结合个人性格特点及自身经历说明您五年内的职业规划。(300—500字)

【撰写指导】写职业发展目标建议有时间线,职业目标可以分为长期目标和短期目标,短期目标详细写,长期目标简写,会显得比较务实,紧密结合自己当前的工作和特点,也可以把个人职业目标和社会责任结合起来。

建议写法1:先写职业发展目标,再阐述个人特点和经历,然后撰写5年职业规划,职业规划可以分阶段,把MBA学习也结合进来。

建议写法2:通过自己独特的结构,把职业发展(未来),个人特点(过去),五年规划(过程)组织起来,有高度,有逻辑。

*3. 您目前及以前所从事的工作取得的成就?所遇到的最具挑战性的难题是什么?您如何解决的?(300—500字)

【撰写指导】成就和最具挑战的难题是两个问题。分别展现在成功中你的价值和挑战中你的思考和应对。

建议写法1:五步讲述法,①背景如何?②问题是什么?③你的分析和解决?④结果如何?⑤对结果的反思?侧重③⑤。

建议写法2:列举法,将成就分类,从人、事,或者个人、企业、社会等角度阐述。将挑战的前因后果,其中的个人心理、决策、行动,以及和周边人的合作和沟通充分地展现出来。

*4. 请结合您过去的工作经历,展示您未来成为职业经理人的领导潜力。(300—500字)

【撰写指导】本题考查过往的业绩,并以此来判断考生的发展潜力。

建议写法1：时间序列法。将工作经历分时间展现，体现自己的成长性，结合阶段性的成果和晋升。

建议写法2：分类列举法，将工作经历分类：专业能力积累，管理能力积累，其他能力等的积累，以及项目等经历。把经历的过程归纳总结成为未来职业目标的基础，也就是发展潜力。也可以提一些发展的机遇和机会，潜力不仅仅是自己，也关乎企业提供的平台。

*5．面对MBA学习所需的大量时间投入，您将如何将它融入您的日程计划？您预计会遇到什么样的困难，如何克服？（300～500字）

【撰写指导】本题考查考生学习的计划性和困难的预判能力。

建议写法1：针对问题，讲清楚你的学习规划和准备，以及具体的每一年可能遇到的挑战及应对，比如第一年基础学习加跟同学建立关系，你准备付出多少时间，参与什么内容等；第二年想交换学习，或者参与实践项目等安排。

建议写法2：重点区分去表达，抓住重点，比如课程、同学协作、你的规划，体现你对学习重点的把握，展现你在公司得到的支持，比如领导对你学习的支持，或者你对工作做了调整确保时间等，也考虑一些突发情况的应对，展现全面思考能力。

6．您是否需要补充其他陈述以帮助华东理工大学MBA项目招生委员会更全面地评估您的申请？

【撰写指导】给你机会去展现你还有什么优势。

建议写法1：把你的价值观，你的其他前边没有展现的特长，在这里整理展现。分类并简单概括，适当结合自己的经历来支撑。

第八节　华东师范大学

★以下信息摘自华东师范大学MBA项目的官网。

一、招生简介

（一）招生方式

2021年华东师范大学MBA招生采取"预面试"的方式，对于未参加预面试的考生，国家线公布后我校会通知来校参加正常批面试。面试前需按"申请材料"要求提交申请材料，进行背景评估后安排面试。

可简单理解为：提前批面试 + 正常批面试结合的招生方式。

（二）报考条件

截至 2021 年 9 月入学，研究生毕业满两年，本科毕业满三年，专科毕业满五年，身体健康。

（三）项目设置

华东师范大学 MBA 包括 5 个项目，以下将详细介绍每个项目的办学特色。

1. 人力资源与应用心理 MBA 项目

非全日制学习，工作日晚上 + 周末一天学习。

华东师范大学依托本校强大的心理学、人力资源管理等学科优势与深厚的人文底蕴，开设人力资源管理项目，凸显应用心理学嵌入人力资源管理的鲜明特色，将应用心理的思维与方法嵌入人力资源管理实务中，通过校企深度对接、联动培养等创新机制，以企业真实案例强化实战训练，提升学员综合管理能力，致力于培养具有高度人文意识和人际洞察力、具有创新意识和前沿思维的高情商企业首席人才官。

2. 金融与投资管理 MBA 项目

非全日制学习，工作日晚上 + 周末一天学习或集中授课。

为了满足中国多层次资本市场蓬勃发展对上市公司证券事务管理人才的巨大需求，依托华东师范大学多学科交叉平台，引入上海上市公司协会丰富的上市公司资源，合作培养具有上市公司治理素养、多层次资本市场运作能力、复杂问题综合处理技巧的三类高层次复合型管理人才：董事会秘书、证券事务代表和投资总监管理岗位的人员。

3. 商业数据分析 MBA 项目

非全日制学习，工作日晚上 + 周末一天学习。

为了满足中国经济转型发展中对大数据管理与分析人才的巨大需求，依托华东师范大学统计学、图书情报管理等优势学科交叉平台，培养具有商业理解能力、数据管理能力和数据分析能力的高层次管理人才，构建数据思维，实现价值创造。

4. 教育运营与投资 MBA 项目

非全日制学习，工作日晚上 + 周末一天学习。

依托华东师范大学教育学科相关的深度理论研究和实践办学成果，融合商科优秀师资队伍，将企业运营与投资领域相关专业课程嵌入教育运营管理实务。项目注重教育产业方面的实战训练，并借鉴教育部中学校长培训体系，切实提升学员在教育机构的综合管理能力，同时引进【我爱上课】高端教育平台，着力为学员建立专业知识体系并打造教育领域高端人脉网络，直接对接教育运营与教育投资高端资源，助力学员自身素质的提升与快速成长，实现和创造价值！

5. **通用管理 MBA 项目**

非全日制学习，工作日晚上 + 周末一天学习；全日制学习：周一到周五学习。

旨在培养通晓管理知识模块（管理实务与综合运用、营销与品牌管理、国际企业管理精英、人力资源管理实务与综合运用、金融与财务分析、经济决策学与领导力发展、人文素养与管理智慧），具有丰富管理经验的职业经理人。

2021 班型分类

班型	全日制	非全日制
项目	通用管理 MBA 项目	人力资源与应用心理 MBA 项目 金融与投资管理 MBA 项目 商业数据分析 MBA 项目 教育运营与投资 MBA 项目 通用管理 MBA 项目
招生人数	140 人左右	400 人左右
学制	2 年	2.5 年
学习时间	平时工作日，部分选修课为晚上或周末	一个工作日晚上 + 周末一天或集中授课
学费	26.8 万元	29.8 万元（通用管理 MBA 项目为 26.8 万元）
学位论文及学位授予	MBA 学生在规定年限内按照培养计划修满规定学分，完成硕士论文并通过学位论文答辩，经审核通过，可授予教育部统一制发的华东师范大学硕士研究生毕业证书和工商管理硕士（MBA）专业学位证书	

招生人数和学费参照 2020 年招生信息，最终以华东师范大学研究生招生信息网发布为准。

二、报考指南

华东师范大学 2021 年 MBA 招生将在全国硕士研究生招生考试基础上采用"预面试"的形式，考生可根据自己的具体情况，按照《面试流程图》和《预面试时间表》完成报考步骤。

MBA 面试通关指南（精编版）

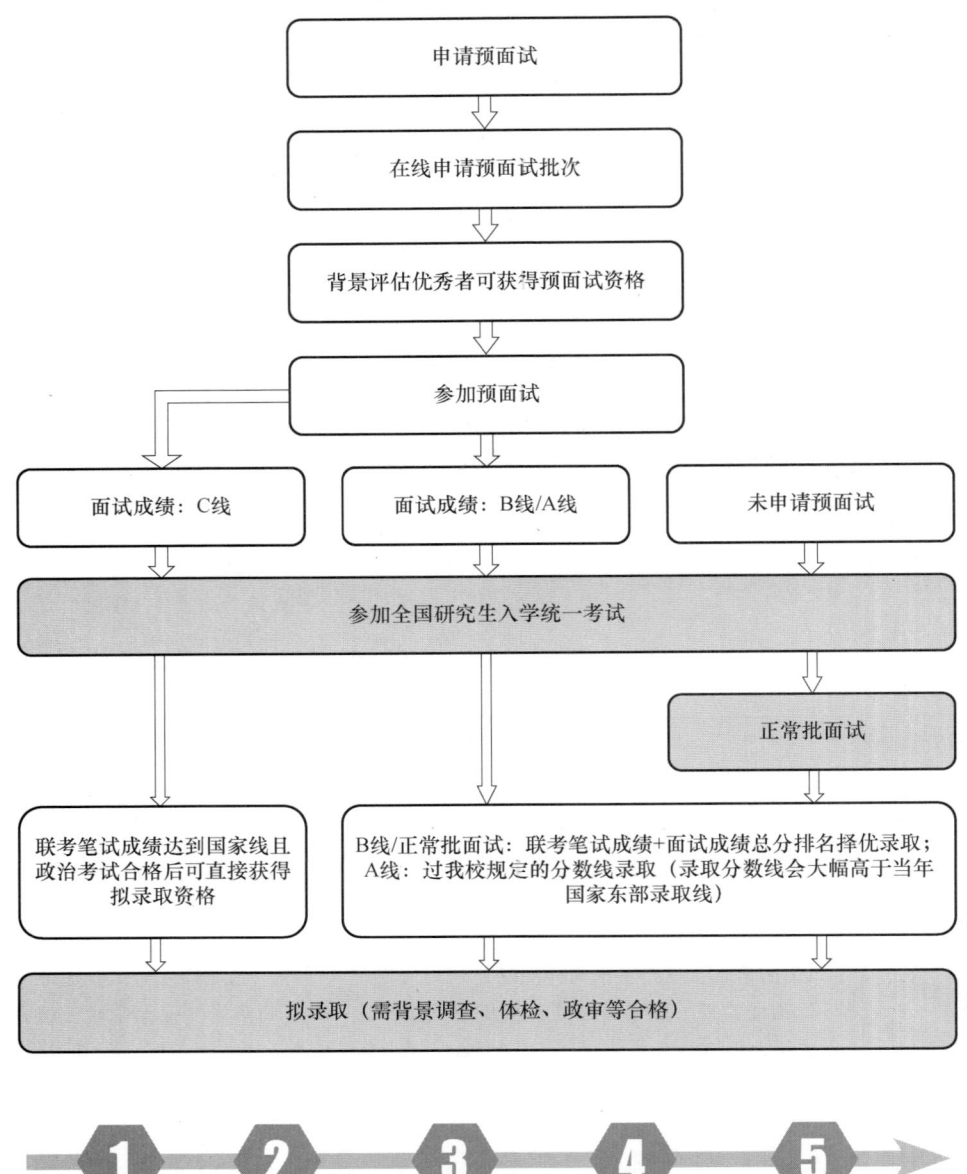

（一）申请预面试（2020 年 5—11 月）

华东师范大学 MBA 项目官方网址：http://www.mba.ecnu.edu.cn/

网上注册申请（全年开放）由于招生面试申请系统升级更新中，2020 年 MBA 申请同时采用微信在线申请方式。

为了简化考生申请 2021 年华东师范大学 MBA 预面试准备书面申请材料的环节，继续开通预面试"快速通道申请 2.0 版"，考生在华东师范大学官方微信端在线就能完成申请参加 2021 年华东师范大学 MBA 预面试的步骤，考生在获得预面试成绩后再补交相关书面申请材料。具体申请步骤如下：

①扫描官网微信二维码

②浏览官方微信，选择招生信息栏目，点击"预面试申请"选项

③按微信通知说明进行具体操作就能微信在线完成预面试申请

考生提交申请后，招生部审核通过后2个工作日内以电子邮件的形式通知考生参加对应的预面试批次，考生收到电子邮件认真阅读相关内容后必须按邮件内容要求回复确认参加才算最终申请成功。

预面试成绩将在考生参加完预面试后的24小时内以电子邮件形式发给考生，考生按邮件通知在规定时间内补全书面申请材料后，预面试成绩即可在华东师范大学MBA网申系统发布。

（二）参加预面试（2020年5—11月）

1. 预面试批次表

预面试批次	申请截止时间	原面试时间	现预面试时间
第一批	2020年5月2日	2020年5月7日晚	2020年6月7日在线面试
第二批	2020年5月16日	2020年5月21日晚	
第三批	2020年5月30日	2020年6月4日晚	2020年6月21日在线面试
第四批	2020年6月13日	2020年6月18日晚	
第五批	2020年6月27日	2020年7月2日晚	2020年7月19日在线面试
新增批次	2020年7月23日	无	2020年7月26日在线面试
第六批	2020年9月5日	2020年9月10日晚	第六至第十批次预面试时间以及面试形式（仍计划线下复试）等都不改变，如有变化，我们将及时通知考生
第七批	2020年9月19日	2020年9月24日晚	
第八批	2020年10月10日	2020年10月15日晚	
第九批	2020年10月24日	2020年10月29日晚	
第十批	2020年11月7日	2020年11月12日晚	

面试结果公布：2020年由于疫情等因素影响，面试时间和形式有部分调整，请同学们务必随时关注邮件通知，我们也会及时联系大家。

面试后24小时内以邮件的形式告知考试面试结果，网申系统申请材料提交并填写完整的考生可在系统内查询面试结果。

我校2021年MBA录取分数线将参照全国管理类联考国家东部录取线，录取原则如下：

① 参加预面试获得C线的考生 ⇒ 获得"国家线预录取"资格，联考笔试成绩达到国家线且政治考试合格后可直接获得拟录取资格

② 参加预面试获得B线的考生 ⇒ 按照联考笔试成绩+面试成绩总分排名择优录取

③ 参加预面试获得A线的考生 ⇒ 过我校规定的分数线录取（录取分数线会大幅高于当年国家东部录取线）

④ 未参加预面试的考生 ⇒ 达到国家东部线后即可参加正常批面试，录取原则为按照联考笔试成绩+面试成绩总分排名择优录取

2. 预面试成绩两年有效说明

（1）第一志愿报考我校 MBA 并完成全国研究生报名现场确认工作的考生，我校将为其保留面试成绩两年有效。考生需以原系统用户登录，点击重新申请方有效。如果考生需要项目变更，请通过邮件申请，原普通项目改特色项目的需统一加试。

（2）对于已通过我校 MBA 面试但第一志愿未报考我校的考生，面试成绩我校将不予保留，仅当年有效。

（三）全国 MBA 联考报名及笔试（2020 年 10—12 月）

无论考生是否参加预面试，都需要报名和参加全国管理类专业硕士联考（MBA 联考）。

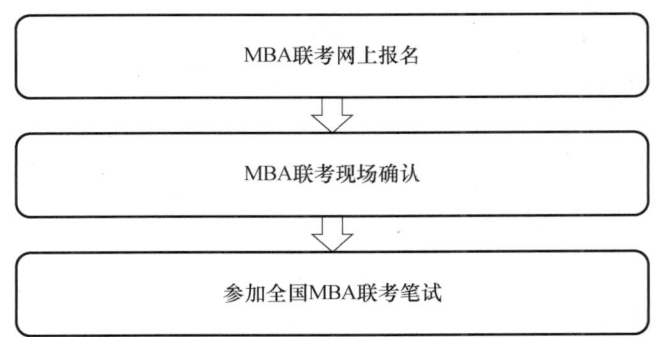

1. MBA 联考网上报名

全国 MBA 联考报名一般为 10 月（一般为 10 月 10－31 日，错过时间无法报名）。

中国研究生招生信息网网址：http://yz.chsi.com.cn

2. MBA 联考现场确认

网上报名确认时间为：2020 年 11 月（一般为 11 月 6—10 日，错过时间确认将无法参加当年考试）。

具体规则可根据考生所选考点要求完成现场确认。

3. 参加全国 MBA 联考笔试

考试时间一般为 12 月，具体日期待定。考生凭下载打印的《准考证》及居民身份证参加考试。

全国 MBA 联考考试科目为管理类综合能力和英语二。

考试的内容和具体要求请参考由教育部指定的考试大纲。

（四）复试/正常批面试（2021 年 3—4 月）

1. 未参加预面试的考生

国家线公布后我校会通知考生来校面试。面试前需按"申请材料"要求提交申请材料，进行背景评估后安排面试。

2. 已参加预面试的考生

仅需参加思想政治理论考试，成绩计入复试总成绩。

（五）录取和入学（2021 年 5—9 月）

1. 录取

考生达到自己相应的 A/B/C 录取分数线，并通过政审、体检、培养协议、学历认证等录取手续，我校将统一寄发华东师范大学工商管理硕士录取通知书。

2. 入学

2021 级新生将于 8 月底或 9 月初正式入学。

三、申请信息示例

◆ 个人信息

* 姓名：

* 性别：

* 邮箱：（建议 QQ 或网易邮箱）

* 手机号：

* 身份证号：

* 出生日期：

* 通信地址：

* 照片上传

请指定一位紧急联系人

* 紧急联系人：　　　　　　　　　　　　* 紧急联系人手机：

◆ 工作经历

目前 / 最近工作信息。

* 现公司名称：　　　　　　　　　　　　* 公司经营范围：(50 字以内)

* 公司性质：(有选项)　　　　　　　　　* 公司所属行业：

* 是否上市：　　　　　　　　　　　　　* 公司人数规模：(有选项)

* 公司去年营业额（万元）：　　　　　　* 本人担任职务：

* 职务级别：(有选项)　　　　　　　　　* 税前年薪（万元）：

* 工作年限：　　　　　　　　　　　　　* 管理年限：

* 下属员工数：　　　　　　　　　　　　* 工作职责：(100 字以内)

◆ 教育信息

请按照从高到低填写高等教育阶段信息。

* 学校名称：　　　　　　　　　　　　　* 毕业专业：

* 最高学历：　　　　　　　　　　　　　* 最高学历毕业时间：

* 最高外语水平：　　　　　　　　　　　* 外语水平成绩：

获得荣誉：

其他培训或海外学习经历：

可添加其他教育经历：

◆ 推荐人

* 是否有推荐人：(自愿提交)

推荐人一

* 推荐人分类：:

请选择推荐人分类　　　　　　　　　　▼
请选择推荐人分类
参加2020年华东师范大学MBA预面试获得C线（优秀）的考生
华东师范大学MBA在校学生或MBA校友
华东师范大学MBA招生面试官
华东师范大学MBA企业导师或实践导师
华东师范大学MBA授课老师
华东师范大学老师
华东师范大学校友
其他

* 姓名：　　　　　　　　　　　　　　　* 工作单位：

＊联系电话：

推荐人二

＊推荐人分类：（同上）

＊姓名：　　　　　　　　　　＊工作单位：

＊联系电话：

◆ **申请选择**

＊申请项目：

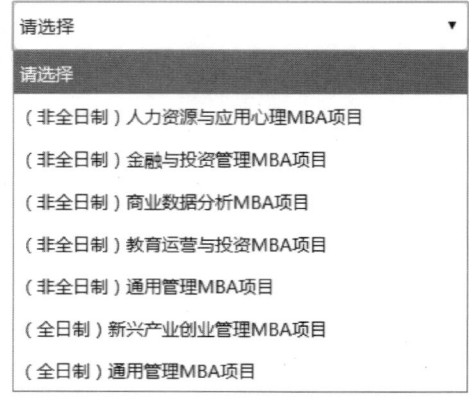

请选择

请选择

（非全日制）人力资源与应用心理MBA项目

（非全日制）金融与投资管理MBA项目

（非全日制）商业数据分析MBA项目

（非全日制）教育运营与投资MBA项目

（非全日制）通用管理MBA项目

（全日制）新兴产业创业管理MBA项目

（全日制）通用管理MBA项目

＊面试批次：（选项为面试时间，非申请截止时间）

请选择

请选择

第一批 2020年5月7日晚17:30

第二批 2020年5月21日晚17:30

第三批 2020年6月4日晚17:30

第四批 2020年6月18日晚17:30

第五批 2020年7月2日晚17:30

第六批 2020年9月10日晚17:30

第七批 2010年9月24日晚17:30

第八批 2020年10月15日晚17:30

第九批 2020年10月29日晚17:30

第十批 2020年11月12日晚17:30

＊面试地点：

文件上传

1. 上传文件类型可为：.pdf|.jpg|.jpeg|.png|.bmp|.zip|.rar；

2. 每个栏目下可传多个文件，对已上传的文件可做删除操作；

3. 所有上传资料需要保证图像清晰，文件可适当压缩，尺寸不宜过大（文件控制在 1 兆以内），以免影响上传速度；

4. 上传时文件一定要使用正确命名方式：获奖名称＋证书，如：英语专业八级证书.jpg。

＊身份证正面	＊身份证反面

＊教育部学历证书电子备案表

四、申请短文示例

＊1. 你在过往工作中取得过什么样的工作业绩？举例说明一件您遇到过最具挑战的管理难题，请说明你是如何解决它的。

【撰写指导】突出你在挑战中的思考和应对。

建议写法 1：五步讲述法，①背景如何？②问题是什么？③你的分析和解决；④结果如何？⑤对结果的反思。侧重③⑤。

建议写法 2：列举法，将挑战的前因后果，其中的个人心理、决策、行动，以及和周边人的合作与沟通充分地展现出来。

＊2. 请陈述未来 5～10 年的个人规划以及华东师范大学 MBA 对你的帮助。

【撰写指导】长期职业规划是在学习之后的，反过来华师大 MBA 的帮助这里应该理解为对一个人长期的影响。长期职业规划不能脱离实际，尽可能不要写一些比如突然想去创业的跳跃想法，需要跟目前的工作和积累有一定的一致性。

建议写法 1：从自己缺少的、需要提升的部分去写，华师大 MBA 能帮助你提升某项能力，从而在未来更长的时间里对你有帮助。

建议写法 2：从自己擅长的去写，在学习中分享自己擅长的，在交互中认识更多人，帮助更多人，从而在未来会有一群志同道合的小伙伴可以做一些事业，或者其他有意义的事情，等等。

第三篇

面试专项

考生无论是选择正常批面试,还是提前批面试,面试成绩都是其综合成绩的重要组成部分。MBA面试是以语言为载体、以交流和观察为主要手段来了解考生的综合素质及相关信息的测试方式。

第五章 MBA 面试概述

第一节 面试前准备

考生在申请材料审核通过或联考笔试达到院校要求，获得面试资格之后，就需要准备参加面试了，需做好的准备工作如下。

一、书面材料

考生需要查看院校报考服务系统，按照系统提示下载并打印面试通知书，然后按照通知书上的要求准备好相应的材料。

例如，考生参加的是提前批面试，那就可能需要提交纸质版的提前批面试申请书、证明性材料、个人简历、推荐信等，其中如果有需要签名确认的，要提前签好。

例如，考生参加的是正常批面试，那就可能需要准备准考证、有效身份证原件及复印件、毕业证书原件及复印件、成绩单加盖公章、一寸照片等。

不同的院校在面试中需要的书面材料不同，考生一定要查看报考院校的通知信息来准备好相应的材料。

二、着装准备

一般院校并不会要求考生穿什么，但是为了向考官展示自己的职业性，给考官留下良好的印象，建议考生提前准备好面试正装，不一定是西装革履，但一定要展现出职业化。

（一）职业装的细节体现

（1）中规中矩。一般正规的商学院都很欣赏传统、保守的正装。选购服装应该注重稳重、职业，不一定要专门备装。

（2）物美价廉。着装要与自身条件和社会地位相匹配，如果你仅处于中层岗位，却身着几万元一套的西装去参加面试，面试官可能会认为你目前这个职位不是依靠自己的能力得到的，反而会怀疑你的综合素质。

（3）一尘不染。着装一要得体，二要保持平整干净。衣服的清洁与平整是第一印象中最主要的部分。

（4）纹丝不乱。理发要适当提前点，头发蓬乱或者刚理完发就去面试难免会有碍观瞻，给面试官留下不好的印象。另外有些考官很古板，认为像你这样不善管理时间、不能打理好自己的人不可能做好本职工作。这种印象对你非常不利。

（二）优雅的职业女装

（1）淡妆之美。去商学院面试，女性需要稍微化一些淡妆，显得更有朝气、更加干练，也更会受到考官的尊重。通常，女性至少应该在眉、唇、脸颊三个部位稍微妆点下，切勿浓妆艳抹。

（2）指甲之美。商学院的女性，一般很少涂抹指甲油，但会经常修剪指甲，不会留长指甲。

（3）饰物之美。有着装经验的女性都知道，肃静的套装上做一些点缀令人很有精神，但所佩饰物不用名贵，只要简单、明快、大方就可以了。

（4）套装之美。女式套装可以在不同套装之间进行搭配，不同颜色之间也可以互相映衬，但总的原则是以深色为宜。不同季节和不同区域可以适当变通，秋冬季节宜选深色，春夏颜色可稍浅。裙装不要太短太暴露，开叉不能太高。在坐着的时候，双腿还需并拢。袜子以肉色为宜，黑色和白色只要与服装搭配得当也是可以接受的，另外至少准备两双备用袜子放在包中，以便在丝袜钩破时随时换上，免得尴尬。

（5）鞋子之美。黑色的皮鞋最为传统，也最为保险。鞋子上不要有太多的花饰点缀，不要太花哨。鞋跟不能太高，否则容易崴脚。鞋跟也不宜太低，平底皮鞋通常是休闲时穿的，正规场合不合适。

（6）皮包之美。对于去面试的MBA考生，要注意皮包不能太花哨，要有朴素之美，能放下简历和其他证明材料，另外还要准备些补妆用的工具、证件和钱包等。

（三）正式的职业男装

一般来讲，深色西装、白衬衫、黑皮带、黑皮鞋都是商务着装的首选。考官更看重着装的品位而不是品牌。

（1）梳理头发。发型要适合自己，保持干净，不能有头皮屑，面试前去洗手间照照镜子、梳一下头。

（2）清洁五官。要保持面颊的干净，特别是胡子和鼻毛。要保持口气清新，可以带上口香糖，但不要高傲地嚼着口香糖进场面试。还要注意不要吃有异味的食物，否则满口异味显得不尊重别人。北方天气干燥，人们常常嘴唇干裂，建议买一支润唇膏。干净、湿润的嘴唇讲出来的话也会显得更加自然、流畅。

（3）注意眼镜。眼镜不需要讲究名牌，只要大方得体，适合你本人，符合你作为商务人士的身份即可。

（4）西装必备。西装应该保持同色配套，并且以深色尤其是深蓝色为好，或是深色有细条纹的。

（5）衬衣讲究。深色西装配白色衬衣是首选。还要注意领子不要太大，领口、袖口不要太宽，要特别注意质地以 30%~40% 的棉为好。

（6）领带学问。领带的色调、图案如何配合衬衣和西装是门很大的学问，也与个人的品位有关。有一点需要特别指出，不要使用领带夹。

（7）裤子适度。裤子除了要与上身西装保持色调一致外，还应该注意不要太窄，要保留一定的宽松度，也不要太短，以恰好可以盖住皮鞋的鞋面为好。

（8）皮鞋黑亮。皮鞋的颜色要选黑色，这与白衬衣、深色西装一样属于最稳重、保险的色调。要注意经常擦鞋，保持鞋面的清洁光亮。还需要注意的是，千万不要把新皮鞋留到面试那天才穿，因为新皮鞋第一次穿会很不合脚，走起路来容易一瘸一拐的。袜子以深色为好。

（9）皮包轻便。男生随身携带不装电脑的电脑包是再合适不过的了，但是注意电脑包不要过大。如不使用电脑,也不必把电脑放到包里一起带着,会显得整个人不灵活、不精干。

三、其他准备

考生还要熟知面试报到时间、地点以及乘车路线等。此外,有些院校要求在网上缴纳面试费用,考生则需要按时、足额缴费。

第二节 面试流程

无论是正常批面试,还是提前批面试,在面试当天的基本流程大致是一样的,如下面流程图所示:

面试当天,考生要在规定的时间之前到达面试报到地点,提交身份证、学位证、学历证以及成绩单等院校规定需要查验的证件资料,进行现场面试资格确认;之后抽签确定自己的面试考场和面试顺序,然后到相应的候考室等待面试。进入考场之后的面试环节因不同的考试形式会有所不同,下文将详细讲解不同的面试形式。

第三节 面试形式

在 MBA 提前批面试和正常批面试中,各院校的面试方式和时间并不相同,大致可分为 4 种:个人面试、小组面试、政治面试及英语口语面试。各院校通过全方位的考查形式对考生进行考核,以判断考生是否符合其 MBA 项目的招录要求。

一、个人面试

个人面试，即考官与考生之间的单独交流，考官在现场通过考生的自我介绍、对随机提问的问题的解答、对职业背景问题的解答，来测查考生的综合素养和能力，包括考生的言语理解与表达能力、现场应变能力、组织管理能力、决策能力、职业道德和社会责任感、专业素养等。

个人面试一般时间都比较短，一般为 20 分钟，最长不会超过半个小时，最短则在 10 分钟左右。首先是 2~3 分钟自我介绍，有的院校会在个人面试的最后 5 分钟加入英语面试（下文将详细介绍），中间都是个人面试问答。

个人面试的关键词是：积极热情，面带微笑，自信从容，有逻辑，突出优势，把控时间。

- 首先，积极热情可以影响到老师的心情，心情好的老师给高分，也可以影响到自己的心情，消除紧张。
- 第二，老师不管问什么问题，都要清晰逻辑，并突出自己的优势，表现出我们就是 MBA 招生院校想要的优秀学生。

个人面试中一般会有三名面试考官和一名助理，面试官对你进行提问，会针对你提交的资料问一些问题，也可能是针对你的行业，比如"你认为××行业的前景如何？"也可能是针对你报考的目的，比如"为什么报考我们学院的 MBA？读 MBA 是为了什么？"再针对你资料的漏洞进行刁难提问，看你的应对方式，也有可能有压力面试。

二、小组面试

小组面试是给一个与专业相关的问题，让考生们进行一定时间的讨论，期间面试官不会发言。一个小组 5~8 人（每所院校的具体情况不同）。

在小组中，评价者或者不给考生指定特别的角色（不定角色的小组面试），或者只给每个考生指定彼此平等的角色（定角色的小组面试），但都不指定谁是领导，也不指定每个考生应该坐在哪个位置，而是让所有考生自行安排、自行组织，评价者只是观察每个考生的表现，来检测考生的组织协调能力、口头表达能力、辩论能力、说服能力、情绪稳定性、处理人际关系的技巧、非言语沟通能力等各个方面的能力和素质以及其自信程度、进取心、责任心、灵活性等个性特点和行为风格，以考查考生是否达到院校招录要求。

小组面试一共是 60 分钟，基本上是 10 分钟审题写观点，每人 1 分半到 2 分钟陈述观点（12~16 分钟），25 分钟自由讨论，5 分钟总结报告，5 分钟补充，前面时间如果用太多，可能就没有补充的时间了。

小组面试的关键词是：合作共赢，安排分工，有效发言，注意审题，热情积极，眼神交流，做好笔记。

小组面试的关键是要和大家一起合作一次完美的答题，所以大家合作很重要。

- 首先，尽量利用进入面试室之前的讨论时间大家安排好每个人的分工。
- 第二，要注意审题。如果整个团队都审题不清，那结果就是全军覆没。
- 第三，有效发言非常重要。在整个小组面试过程中，每一位考生至少要有四次有效发言。
- 最后，可以和组员之间有一定的眼神交流，比如点头、微笑这样的反馈。

在小组面试中，考官经过抽签分组，每个考场有 5～7 名考官，其中 1 人为主考官。考官席与测评对象席间距 4 米左右，测评对象席位呈扇形或者"U"形摆放，考官席位单列排，在测评对象席位前方。这种摆放方式便于测评对象之间相互交流，也能保证每一位考官观察到每一位测评对象的表现。

三、英语口语面试

英语面试主要是口语面试，考查 MBA 考生的听说能力，即考生能否使用英语进行基本的对话。口语面试一般涉及日常生活及简单商务英语和管理话题，以满足未来的 MBA 学习要求和职业发展需要。

一般口语面试形式分为以下几种：

(1) 口语单独面试；

(2) 中文素质面试和口语面试一同进行；

(3) 组面口语测试；

(4) 口语抽题等。

无论参加哪种形式的口语面试，说一口流利、准确的英语都是通过面试的关键所在。

四、政治面试

详见第九章内容。

第四节　面试考官

MBA 提前批面试和复试的面试考官团队一般由以下三类群体组成：院校教授、企业高管和企业 HR。下面我们将针对不同考官的特点和应对策略详细地进行讲解。

一、院校教授

院校教授通常以本院的教授为主，一般具有教授职称，且担任本院 MBA 项目的授课工作，对 MBA 教学、学生群体和招生定位比较熟悉。重点考查的是管理的基础知识、个人潜力、思维特点，以及考生在企业中的一些情况，还有考生对本校的了解。

［应对策略］少提理论，特别是非工商管理专业的考生，要充分了解所在行业的知识（竞争策略、发展战略、客户群体），扬长避短。在面试前尽量对院校有充分的了解。

二、企业高管

企业高管大多是学院的校友，这些已经从本院毕业的校友通常已取得 EMBA 或 MBA 学位，并且有较深厚的企业管理背景，通常担任企业中高层管理者，具有丰富的企业管理经验和行业经验。重点考查实际经验，大多从企业的实际运营的角度加以考查，以及社会热点，面试的问题比较灵活。

［应对策略］可以多谈自己的管理体会和管理业绩，本着不炫不夸的原则，梳理以往的管理经验和能够体现自己管理优势的实例即可。不可轻易批评某个企业或者名人，尊重他人，求同存异。

三、企业 HR

企业 HR 考官通常在企业中担任人力资源主管，一般为总监或副总裁级别，具有丰富的人力资源管理和面试经验，且多数也为本院校友。一般考查的是教育背景以及职业倾向、个人修养、礼仪风度、人际关系、沟通协调能力、团队合作能力、开放性的压力测试。

［应对策略］要给考官一个好的印象，职业装加职业化语言，有清晰的个人定位，切忌胡编乱造以及敷衍，对不会的问题谦虚请教，有礼有节，一定要洞彻面试考官的动机与考查点。

第五节　面试评分

MBA 提前批面试和复试的评分标准主要分为六部分。

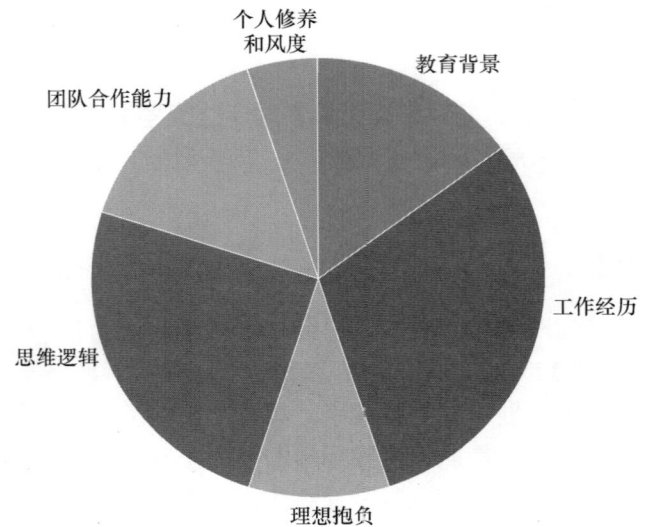

一、教育背景所占分数比约为 15%

这里的教育背景是指毕业院校、在校期间成绩、工作后的业绩以及在校期间是否获得过奖学金、证书等。这类资料一般是在提交材料申请的时候考官获知的，在参加面试中考官会根据材料进行相关提问。

二、工作经历所占分数比约为 30%

这里的工作经历主要是包括考生的工作性质、工作业绩、担任职位，以及所在的公司规模和水平，这些信息在考生提交的材料中已体现，在面试中考官会根据材料进行相关提问。

三、理想抱负所占分数比为 10%~15%

在大多数院校的提交材料中都有职业规划这一栏，这部分主要是考查考生是否有明确的职业规划，并且是否在为这一规划而做努力和准备，如何努力如何准备的，在面试中考官有可能会提问到，考生要提前准备好怎么回答。

四、思维逻辑所占分数比为 20%~30%

这部分主要是在面试过程中，考官根据考生答题的情况来判断考生是否说话、思考具有逻辑性，是否能够抓住问题的本质，考虑问题是否全面，等等。还有不少学校会有压力面试，而压力面试正是考核考生的反应能力，这点在面试中也比较重要，考生要有所准备，千万不要被突如其来的问题给搞蒙了。

五、团队合作能力所占分数比为 15%~20%

这部分主要考查考生的团队合作意识，在提交材料和个人面试中都会涉及这个问题，而在小组面试中则是最终的验证与考核，考生是否适应团队合作，是否善于团队沟通，是否能够挖掘别人的长处，等等，都是团队合作能力的考查点。

六、个人修养和风度所占分数比约为 5%

这点主要是看个人的穿衣打扮、谈吐举止、气质风度等，是给考官的第一印象。考生一定要注意这方面的事项，不要把容易到手的分数丢掉。

第六章 个人面试

第一节 个人面试的流程

每个学校个人面试的流程会有一些不同，但大多分为以下几个环节：

一、进门

有些学校可能有引导员引导考生进入考场，有些学校可能没有引导员，无引导员时考生在进门之前要先敲门，等听到考官"请进"的指令后，再开门进入。

二、问候

在进入考场以后，向各位考官问好也是非常重要的，能看出一个人的修养和礼仪。考生应从容走到考场中间，面对考官鞠躬并问候，问候语一般为"各位老师好，我是×××"。

三、落座

问候结束，考官会让考生就座，此时，考生应向考官致谢，并从容走到考生席入座。

四、自我介绍（★）

大部分学校都会要求考生先做一下自我介绍，自我介绍的时间最好控制在 3 分钟左右。

一份完整的自我介绍一般包含四部分：

1. 姓名、学历等基本情况。简单介绍下你的大学、毕业情况和荣誉。
2. 工作经历。工作是重点，按照你的工作经历，按段分别叙述，其中特别重要的是你获得的成绩以及荣誉，而成绩一定要显示出你的比较值，比如如果你的年终考评成绩达到了 98%，你应该表达为在哪个区域多少人中的排名情况。这样能更好地凸显出你的优秀。
3. 业余实践或兴趣爱好。
4. 对未来学习工作的安排与展望。要点出你想要考 MBA 的原因，这种原因要让人觉得顺理成章。比如之前的工作都是靠自己个人去积累各种经验，但未来需要更好的发展，需要系统性的学习来提升管理技能，等等。最终自己希望能达到什么目标，要让人觉得合理真实。

注意：

- 介绍的内容一定要与自己在面试申请环节提交的资料中的信息保持一致。
- 表述方式上尽量口语化。
- 要切中要害，不谈无关、无用的内容。
- 条理要清晰，层次要分明。
- 事先最好以文字的形式写好背熟。

此外，绝大多数学校只要求考生做中文的自我介绍，但也有个别学校会要求考生做英文自我介绍。因此，考生在准备自我介绍时，要准备好中英文两份，以防万一。

五、考官提问考生回答（★）

自我介绍结束之后，便进入考官与考生的问答环节。这个环节主要涉及三类问题：

1. 常规问题：通常是你为什么要考 MBA，你的学习计划是什么，你的优缺点是什么，你的兴趣爱好，等等。管理基本知识和原理方面的提问，有些学校采取抽题目方式。
2. 开放问题：开放问题可能是和你的职业有关，可能涉及领导品质，比如你觉得一个领导需要具备的素质，如果是你如何面对与下属的矛盾，等等。当然，也可能会涉及考生在简历、申请材料中提到的方方面面。

3. 压力测试：如在面试中对考生所在的公司不断给出负面评价，看考生如何应对；对考生的薪资水平表示质疑，看考生的神态表现等。

【解决方案】

★ 首先，常规问题和开放问题都是可以准备的。所有可能的常规问题，要准备好怎么回答。

★ 开放问题可以按照自己的职业情况准备，把能想到的和自己工作有关的问题，包括相关答案都可以罗列出来。

★ 关于领导管理能力，如果有实际的管理经验最好，可以举出实际的管理案例和经验分享，如果没有也没关系，你可以上网查找很多管理案例或者是需要具备的素质来告诉考官如何做一个合格的管理者，或者你从其他管理者身上学到的东西。

★ 面对压力测试，无论是对考生的公司还是对考生个人的负面评价及挑战，一定要沉得住气，不要急于反驳，而是在认可老师观点的情况下表达自己的观点。

六、面试结束

在所有的提问环节结束以后，个人面试便结束了，考生可以向考官告别并退场。退场时也要从容淡定，出门时记得关门。

第二节　个人面试常见问题和答题思路

一、常规问题

（1）请你进行一下自我介绍。

【答题思路】MBA 提前批面试中的这道题，你要根据提供的申请材料和简历来回答。

回答的时候不要死记硬背，正常口语化回答就好，直接点明主题，不要答非所问，逻辑要清楚，层次要分明。

（2）谈谈你的家庭情况。

【答题思路】其实这个问题也很常见，也并不难回答，只要你如实回答就可以了。

一般考官了解你的家庭情况其实是想从侧面了解你的性格、观念和心态而已，你只需要简单地描述你的家庭成员、家庭温馨和睦、父母是如何正确引导教育你的、家庭成员对你工作的帮助或者支持，最后再简单说一下你对家庭是如何承担责任的，强调你自己对家庭的责任感，这些都有助于你给考官留下好的印象。

（3）你有哪些兴趣爱好？

【答题思路】考官或者面试官提出这个问题的时候是想了解你的性格和心态。

这里值得注意的是不要说自己没有爱好，会让考官或者面试官觉得你是个无趣单调的人，也不要去说一些让人觉得尴尬或者不舒服的爱好，这里你可以强调一下比如你喜欢户外运动如爬山、钓鱼等，如果你只说你喜欢读书、上网、听音乐一类的，考官很可能觉得你性格孤僻不合群。

（4）你的优点有哪些？主要体现在哪些方面？

【答题思路】主要从以下几方面去说：

首先，举例说明你在工作中获得的成绩，并在这个工作中如何体现出你的领导能力和组织能力。

其次，你需要强调你的团队合作精神，因为一个人是不可能把一个工作完美呈现出来的。

最后，再强调一下你的工作态度，是如何认真对待工作的。

（5）你的缺点是什么？

【答题思路】说明时注意以下几点：

首先，切记不要说自己没缺点，人无完人，每个人都有缺点，说没有缺点那是不现实的，只会让考官觉得你太自负。

其次，也不要把太明显的优点说成缺点，考官会觉得你太假。

第三，不要说一些很严重的缺点，严重到会影响你的工作，你可以说一些跟工作没有太大关系的缺点，甚至是表面上看到的是缺点，但是在工作上算是优点的缺点。

二、开放问题

（1）请讲述一下你过往工作中取得的最大成绩，怎么取得的？／请讲述一下你过往工作中遇到的最大困难，怎么解决的？

【答题思路】上述问题无论是问你的成绩，还是问困难，都属于考查你解决工作问题的能力。这类问题的回答思路分为四点：

①说清你讲的是什么事儿。

②你的成绩或问题是啥。说成绩时，注意是你的成绩，不是你团队的成绩，若是在团队协作中取得的成绩，一定讲清你发挥的作用。同时，你说的成绩或困难，让面试官结合你的面试材料，得听出来对你来讲的确算一个事儿，得有一定的挑战性。

③成绩是怎么取得的或困难是怎么解决的。这是面试官想要重点了解的。

④成绩的取得或问题的解决，对你以后的工作有什么借鉴或帮助。若能清楚地说清这点，便是加分项。

（2）你认为和什么样的人最难共事？怎么和这样的人成功共事？

【答题思路】这是一个考查工作能力和价值观的问题。

重点在第二问上，面试官重点想听清的是你怎么"成功"共事的。

回答这个问题还有另一个思路，可以讲在工作中把关注点重点放在"事儿"上，哪怕过程中遇到一些协作上的磕绊，也一定要把工作的事儿解决掉，所以不认为工作上有什么最难共事的人。然后讲讲你是如何解决与人共事中的磕绊。这也不失为一种很职业的回答。

（3）你是如何管理你的团队的？你的下属/领导怎么评价你？

【答题思路】针对有管理经验的考生，可能会问此题。这同样是一道展示个人管理能力的题，考查的不是你个人单兵作战的能力，而是考查你如何通过管理提升团队绩效的能力。

请记住一句话，管理是通过组织别人工作来完成团队的绩效。

（4）请简要介绍一下你的公司。

【答题思路】切记这个问题不是让你陈述公司的简介，而是让你介绍你们公司的产品、业务模式、客户价值、市场地位，甚至发展前景等相关信息的。

（5）你公司或你公司的某产品与友商相比，有什么优缺点？

【答题思路】这个问题考查你对公司及友商的了解情况。

一般要从市场及客户价值角度，多说双方优点。切记不要过多说友商的缺点，甚至诋毁对方。当你说自己优点时，面试官是明白人，他就清楚对方的缺点了。

（6）为什么IBM、雅虎不如阿里巴巴、淘宝、京东更适应现在的市场变化？

【解析】考查两个方面：第一，对以上公司是否有个基本的认识；第二，能否在短时间之内找出两类公司的关系和发展路径上的区别。

【答题思路】IBM和雅虎都是老牌美国公司，而阿里巴巴、淘宝、京东是近些年新兴的本土化公司。在此前提下可以从公司性质、公司管理战略、本土化水平、行政扶持、市场了解程度等方面论述。

（7）在未来是否还会出现独角兽公司？

【解析】考查考生是否知道什么是独角兽公司，以及对于互联网未来发展的主流预期。

【答题思路】提出问题的原因是现在国内腾讯、阿里两大巨头已经涉足互联网行业的方方面面，有垄断之势。如何在夹缝中生存，主要从三个角度论述：

①表达观点，未来还会有独角兽公司产生；

②垂直领域深度发展，挖掘更多的商业模式和契机；

③可举例字节跳动、拼多多。

（8）一个石化工厂发生较大安全事故，作为厂区负责人，你该如何应对？

【解析】危机公关问题。

【答题思路】①立即组织成立事务处理小组。②对内紧急救治伤员，安抚家属，通报上级管理部门知晓。并快速找出事故原因，截断隐患。③对外做好舆论公关，将影响降到最低。④做好善后工作，界定责任，做出处理意见。

（9）你认为人工智能会导致大量失业吗？

【答题思路】首先，阐述你理解的人工智能是什么，或者定义。其次，给出观点，人工智能会替代部分重复性人力工作，但不是全部。第三，阐述任何一次技术革命都会带来短期的不适和阵痛，但长期会极大促进社会发展。第四，给出解决方法，学习新的技能，跟上时代步伐。

三、压力测试

（1）你为什么选择我们学校？

【答题思路】这个问题面试官是想了解你攻读 MBA 的原因及态度。

建议从你个人职业发展规划、学校培养目标等角度来回答，或者结合自己的实际情况回答。另外，选择学校的原因也要重点说明。

（2）我们为什么要录取你？

【答题思路】这是一道压力面试题，可能会突然打断你进行提问。

这个问题在回答的时候要保持冷静，学校一般会录取符合基本条件、对攻读 MBA 有明确目标和强烈学习意愿的考生，所以你只需要从侧面描述你对 MBA 明确的目标以及强烈的学习愿望即可。同时，你还要考虑一下 MBA 需要什么样的学生，从院校的需求入手。

（3）上一份工作干了 10 年，为什么还要离开？

【答题思路】这是一道压力面试题，对你的职业发展提出质疑。

这个问题主要还是从提升的角度去回答，可能过去的公司有部分不足，但不要过分贬低过去的公司，要展现过去十年还是很有收获的。以未来想选择不同的行业、不同岗位，期待新的职位提升、更高的薪酬待遇、更广阔的发展空间，筹划自主创业等作为理由。

（4）有两个小孩，孩子教育和你的学习怎么平衡？

【答题思路】这是一道压力面试题，对你的时间分配提出质疑。

回答时注意：一定是有时间来学习，并完成自我提升。但是要给老师信服的理由。回答出在工作中你将如何安排，在家庭中你将如何安排，对于未来的学习你将如何安排；并且发生冲突时你将如何协调。这些问题都落实后方可解决根本问题。

（5）你怎么没有直属领导的推荐信？是公司领导不支持你读MBA吗？

【答题思路】这是一道压力面试题。

通常情况下应该找直属领导来写推荐信，如果没有就只能找一些理由来应对。例如，领导出差等。

（6）你报考过清北吗？你为什么不去清北？

【答题思路】这些问题显然是有坑的。它们不仅是在考验你对北大和清华的忠诚度，同时，也是在表明该院校的立场和态度——坚决不做清北的备胎。所以在回答的时候一定要慎重，一定要表明自己报考本院校的决心，绝不可显露出"备胎"的意思。

（7）如果这次面试失败怎么办？／对不起，你不太符合我们的培养条件。

【答题思路】此类问题属于典型的压力面试题，考查申请者的心理承受能力，同时考查申请者在面临压力的情况下思维的逻辑性和层次性。不能表现出心情大起大落，更不能表现出毫不在乎，建议深呼吸，微笑以对回答问题。

①敢于面对。竞争社会，有竞争就有优劣之分，有成功就有失败，败不馁，心理和精神上体现对失败的抵抗力，如果失败，也仅仅是一次，只有经过经验经历的积累，才能塑造出成功者。

②善于反思。自身角度找差距，实事求是评价自己，辩证看待自己长短得失，做一个明白人。

③认真提升，实实在在、踏踏实实，加强学习、提升素质，做出业绩。

④再接再厉，有机会仍参加报考，向心仪的院校努力。

第七章 小组面试

第一节 小组面试的流程

每个学校小组面试的流程会有一些不同,考生可留意自己报考院校的官方网站发布的通知信息来准备小组面试的环节。大部分院校小组面试环节采用的是无领导小组讨论的形式,所以下文主要以无领导小组讨论的形式为例。

无领导小组讨论就是在参加 MBA 面试的考生中随机抽取一定人数组成一个小组,然后就某一个问题或者案例进行讨论,并不指定谁是负责人,目的就在于考查应试者的表现。面试官根据每个考生在讨论中各个环节的表现来评价考生的综合素质、自身技能以及和团队成员的协作能力等,并给考生打分。

无领导小组讨论的面试流程大致有以下几个环节:

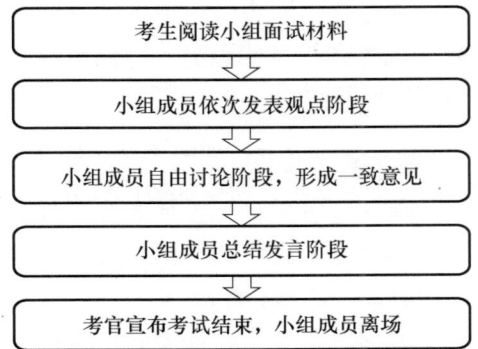

考生入场前应先由工作人员对其身份进行确认,经确认无误后,在工作人员的引导下入场。考官根据事先排好的位置将考生引导至相应的座位上(考生面前的桌上贴有考生姓名和序号)。

一、考生阅读小组面试材料

在小组面试正式开始之前,面试秘书通常会将本组面试的案例分发给小组内的考生，阅读时间通常为 10~15 分钟。

阅读材料的过程根据学校要求有所不同，有的院校的阅读材料过程在考场内统一进行，有的院校则在候考室提前将材料发放给考生。面试材料通常为商业案例，涉及的方面比较广泛，如企业管理案例、企业组织行为学案例、企业市场营销案例、财务管理案例、企业战略案例等。

[实战策略]

（1）明确任务目标，合理分配时间。
（2）略读材料，选择合适的作答方法。
（3）精读材料，记录关键信息，拟订提纲。
（4）回顾材料，查漏补缺。

二、小组成员依次发表观点阶段

在考官宣布小组面试正式开始后，通常规定先由小组成员按照之前抽签决定的顺序依次发表自己的观点，每位考生的发言时间通常限定在 2~3 分钟。

[实战策略]

在个人陈述阶段，考生主要分为发言者和非发言者两大类。

发言者

- 礼仪

  发言时目光应保持平视，说话时应用眼睛自然大方地注视考官和其他组员，但注意眼睛不要瞪得太大，或直愣愣地盯住某一个人不放。

- 精彩开场白

  第一位发言者：各位考官、各位组员：大家好！经过认真思考，我对这个问题有了一些初步的想法，在此抛砖引玉，供大家讨论……

  中间发言者：各位考官、各位组员：大家好！刚才认真听取了前几位组员的真知灼见，很受启发，我还有一些新的想法，在此与大家分享……

  最后发言者：各位考官、各位组员：大家好！我认真倾听了各位组员的意见，深受启发。如果我的想法能够给大家带来一些新东西，那也必须承认我是站在了巨人的肩膀上。下面我来陈述一下我的观点和理由……

非发言者

基本要求

保持端庄坐姿，目光应主要集中在发言者身上，同时倾斜身体表示正在认真倾听发言者的陈述，在规则允许的情况下做简单记录。对于其可取之处争取能进一步引申，对于其不足之处，争取在适当时机以委婉的方式指出，并能提出自己的见解。

三、小组成员自由讨论阶段

该阶段的总时间通常为 30~40 分钟，参加小组面试的考生自由发表自己的观点并进行一定程度的组员间的互动。考生可以根据小组讨论的进展情况选择合适的时间切入并发表自己的看法。

[实战策略]

（1）明确任务的目标是达成小组一致意见。
（2）争取发言机会，适时展现自己。
（3）倾听他人的观点，完善自己的观点。
（4）采用恰当方式辩驳他人观点。
（5）不要冷落他人，学会调和矛盾。
（6）学会妥协，展现教养和风度。

四、小组成员总结发言阶段

在小组自由讨论结束后，进入小组成员总结发言阶段。在这一阶段，管理类专业硕士小组面试一般采取两种方式：

（1）由小组选派一名代表担任总结者的角色，负责总结小组成员的主要发言内容，向考官报告讨论情况和结果。
（2）每位小组成员用较短的时间（30 秒或 1 分钟）或者较少的内容（如一句话）来总结自己的观点。

[实战策略]

（1）感谢小组成员所做的贡献。
（2）充分尊重小组的一致意见。
（3）简要介绍小组讨论的经过。
（4）条理清晰，言简意赅。

五、考官宣布考试结束

在面试时间截止时，面试秘书会宣布小组面试结束，考生离场，考官根据各个考生的综合情况打分。根据不同院校的要求，有些院校在小组讨论总结发言结束后，考官还会对其感兴趣的问题进行追问，考生应有所了解。

第二节　如何在小组面试中"出彩"？

（1）战略上突出个人，战术上尊重考友。

（2）恰到好处地抬高别人，也会提高自己的地位。

（3）不要抢着发言或打断别人的话，如果某人的话过长，你不打断，面试官也会打断。

（4）就事不就人，不要直接攻击其他考生，但可以迂回说明，既体现团队精神，又显露才华。

（5）准备纸笔，记录要点，因为面试官可能随时插入话题，或打乱原计划。

（6）发言时间不能太长，尤其是自我介绍，否则可能引起反感。

（7）发言不能太少，会被认为没有见解。

（8）不要怕别人把观点说完，事实上，在开始时陈述主要观点，在后期发掘一些亮点，效果更好。

（9）在小组其他成员偏离中心议题时，及时纠偏会十分有利。

（10）在小组的成员发生争执时，进行协调是必要的，否则会使小组的成绩偏低。

（11）思维不能完全被案例束缚，但提出的新颖观点不能离题过远。

（12）观点不能消极，要体现积极进取和务实精神。

（13）以一个有价值的参谋人员出现，往往比以领导身份出现更容易获得考官的好感。

（14）考官可能在中间突然打断，询问某一个人的私人情况，要有思想准备。主要是考查应变能力和材料与实际的吻合情况。在这个间隙，其他人正好可以分析材料。

（15）看材料的时候最好将要点做笔记，主要为三部分：存在的问题、分析原因及功能性解决方案。

（16）小组进场前先沟通一下，有助于协调观点。一般学校倾向于避免考生事先的沟通。

第三节　小组面试评价标准

在无领导小组讨论中，考官评价的依据标准主要是：
（1）受测者参与有效发言次数的多少。
（2）是否善于提出新的见解和方案。
（3）敢于发表不同的意见，支持或肯定别人的意见，在坚持自己正确意见的基础上根据别人的意见发表自己的观点。
（4）是否善于消除紧张气氛，说服别人，调解争议，创造一个使不大开口的人也想发言的气氛，把众人的意见引向一致。
（5）看能否倾听别人意见，是否尊重别人，是否侵犯他人发言权。
（6）看语言表达能力如何，分析能力、概括和归纳总结不同意见的能力如何，看发言的主动性、反应的灵敏性等。

第四节　小组面试的题型

管理类专业硕士无领导小组讨论案例多为管理案例、社会热点话题或经济热点事件。最为常见的面试案例通常为商业案例，常见的商业案例涉及的内容比较广泛，主要包括：①企业管理案例；②企业组织行为学案例；③企业市场营销案例；④财务管理案例；⑤企业战略案例等。

注意：无领导小组讨论的题目大多是没有正确答案的，活动的核心是通过对组员讨论过程的观察，评价考生的综合素质和团队协作的能力。

小组讨论题目大致分为以下五种类型。

一、两难式问题

两难式无领导小组讨论是指提供给考生讨论的问题具有两难性，让考生在两种互有利弊的答案中选择其中的一种，并说出选择的理由。这种题型主要考查考生的分析能力、语言表达能力以及说服力等。

这类问题的特点就是无论你选择哪个答案都不会错，关键是看考生的个性和分析问题的能力与别人有什么不一样。大家的任务就是对如何选择上报信息进行讨论并得出一致意见；然后派出一个代表来汇报你们的意见，并阐述你们做出这种选择的理由。

例如：一群孩子在铁轨上玩，铁轨有两条，一条A道正在使用中，另一条B道废弃停用。A道上面有9个孩子在玩耍，B道上面有2个孩子在玩耍。这时候一列火车行驶过来了，作为扳道工的你，你会怎么做呢？是让火车按原轨道行驶，还是让火车改道而行呢？

二、多项选择排序式问题

多项选择排序式无领导小组讨论是指提供给考生讨论的问题有多种备选答案，要求从中选择符合某种条件的一种或几种，或者对备选答案的重要性进行排序等。主要考查考生分析问题、抓住问题本质方面的能力。

例如：假如你是新上任的产品部门经理，需要从《西游记》的师徒四人中选出一个做你的助理，你选择谁？理由是什么？（列出几点即可）

三、资源争夺式问题

资源争夺式无领导小组讨论是几种试题类型中争论较为激烈的一种题型，此类题目在材料中会给定一定的资源，要每位考生就有限的资源进行争夺。主要考查考生的语言表达能力、概括或总结能力、计划组织能力、发言的积极性和反应的灵敏性等。

例如：企业营销费用100万元，市场部和销售部都想获得最大的资金支持，你会怎样争取？

四、开放式问题

开放式无领导小组讨论是指提供给考生讨论的题目是一个比较宽泛的开放性的问题。这种问题的表述非常简洁，对问题的限定条件较少，答案的范围可以很广、很宽。主要考查考生的综合分析能力，具体看考生思维是否清晰、逻辑是否严密、见解是否有新意，考虑问题是否全面、是否有针对性等。

例如：你认为怎样才是成功？你如何去实现？

五、操作式问题

操作式无领导小组讨论是指提供给考生的任务具有实际操作的特点，通过向考生提供特定的工具、材料或道具，让其互相配合，制造出所要求的物品。此类问题主要考查考生的动手能力，对言语方面的能力考查较少，所以是一种面试技术岗位的好方法，MBA院校目前还较少使用这类题型。

例如：搭积木游戏，请大家用所提供的积木，在30分钟内合作搭出一座最高的建筑物。

第五节　小组面试常见问题和答题思路

一、两难式问题

1. 董事会选下一任总经理，有两个候选人，性格特长各有特色，各自也有一定的缺点。

问题 1：你会选哪位候选人担当总经理，如何做到人尽其才、扬长避短？

【考点解析】考查领导经验和思考能力、对人的判断和决策能力。

【答题思路】结合材料，列出两个人的优缺点，重点要结合企业的短期、长期发展，以及这个职位的胜任力要求综合考虑，可以给出直觉判断，也应给出量化的打分和判断。不仅考虑过往人才的特点，也要适当假设未来面对的挑战，以及两个人的潜力、局限和风险。

问题 2：你认为领导应该具备怎样的能力？

【考点解析】考查领导经验和对领导能力的思考。

【答题思路】结合自己的经验去归纳集中关键的领导能力，这样讲出来比较接地气；也可以先列举几个重要的领导能力，再适当举例支撑，比如演讲能力，讲到马云，比如知人善用，讲到马化腾和张小龙等，需要一定的素材积累。尽可能和别人有一定的差别，展现自己的独特性。

2. 董明珠案例。

①公司出现危机时董明珠大刀阔斧带头跑业务。
②董明珠拒绝他哥哥大义灭亲。
③董明珠广纳大众意见对有问题的领导绝不姑息。
④董明珠的临时股东会议，关于要探索新能源领域。

问题 1：八个字概括董明珠的领导风格，董明珠这种女性领导风格是否值得推广？

【考点解析】考查对领导风格的理解。

【答题思路】首先这是一个小组讨论，八个字可以是大家讨论的结果，对于个人来说，可以把自己对董女士领导风格的理解做一个概括，一般情况下，4 个词比较好组织和达成共识，比如果断、公正等。

值得推广要结合企业的阶段和特点，而不要以偏概全，可能在当时当处是适合的，而未必是放之四海皆准的。

问题2：是否支持董明珠探索开发新能源？还是支持她的小股东们？

【考点解析】考查考生对企业探索新业务的分析决策能力以及对企业相关者诉求的平衡。

【答题思路】建议从正反两个维度、不同人员主体的角度去分析各自诉求，从短期、长期、机会、挑战等不同角度整理观点。讨论中注意聆听其他组员的观点。

3. a和b是兄弟，合伙开公司，a是董事长，b是总经理，各自有35%股份，还有30%是向亲戚朋友借的，有一天a死了，b做董事长，a的儿子a1是总经理，c是他们的兄弟，也很有能力，a的孙子a2在国外留学，b的儿子b2也在公司做事，但是b作为董事长不愿意放权，股权又很分散，管理困难。

问题：请站在c的立场上给董事长建议。

【考点解析】本题属于比较难的管理类问题。

【答题思路】首先，还是要找到问题的根本。这是典型的家族企业常见的问题。第一，股权分配不合理；第二，公司内部裙带关系严重。首先，如果一方可以出让股权，形成合理的股权构成，接下来的管理架构自然得到重构。如果在股权上没有办法协调，就要从管理本身进行处理。例如，成立一个独立的子公司，让b出去单独管理。或者引入职业经理人团队，原有人员只做股东分红，尽量少参与管理。

4. 目前，影响我国经济落后地区发展的因素有很多，包括资金短缺和人才短缺，就发展而言，是引资重要，还是引人重要？

【答题思路】这是两难问题，可以选择其中的一个环节去作答，也可以朝着两个方面去作答。引资重要：经济是基础，没有经济作为支持和后盾，再有想法也是无济于事。有了资本的介入能够反向促进人才的更大创造力，为创新提供更多的土壤。引人重要：人才是现代社会的第一生产力。资本是即时利益，智慧是永恒价值。栽下梧桐树，引来金凤凰，有了人才才有创新，有了创新会吸引更多资本。两者都重要：资本更重于短期，人才更重于长期，应长短兼顾。

5. 某公司发展面临困境，恰巧该公司遇到一个被收购的机会。问题：要不要卖掉该公司？

【答题思路】这是两难问题，可以选择其中的一个环节去作答，如果选择被收购，可以从避免风险的方向作答；如果选择不被收购，可以从公司自己突破创新的方向作答。

二、多项选择排序式问题

设想你们是科学考察队队员，原打算在原始森林进行科学考察一个月返回。现在在考察中遇到地震与外界失去联系，只能靠大家自己想办法走出原始森林。在撤退过程中，你们必须挑选一些重要物品以便于你们撤出原始森林。下面列了 13 项物品，为了确保安全撤离，你们这组人的任务就是按这些物品的重要性对他们进行重新排列，把第一重要的物品放在第一位，第二重要的物品放在第二位，依此类推，最不重要的放在最后。

这些物品为：

1. 汽油打火机
2. 压缩饼干
3. 救生绳
4. 锋利的砍刀
5. 便携式取暖器
6. 小口径手枪
7. 一罐脱水牛奶
8. 两个 100 毫升的汽油瓶
9. 地图
10. 磁质指南针
11. 五加仑白酒
12. 急救箱
13. 太阳能发报机

请大家讨论，每人用 5 分钟给出自己的排列顺序并说明理由。

【答题思路】此类试题的备选项较多，需要考生把握关键环节、关键事务、紧急事件，选择时既要遵循急重轻缓原则，又要把握生命第一原则；既要合情合理，又要合乎法律政策。

三、资源争夺式问题

你们是公司薪酬委员会各个部门的代表，现在公司决定将一笔特殊的奖金授予一名工作表现出色的员工。公司的六个部门各自推荐了一名候选人，你们各自代表的是其中的一个部门。这笔奖金的数额是 1 万元人民币。虽然你们都希望所有的候选人都能得到这笔特殊的奖金，因为他们的表现都非常优秀，但公司的规定并不允许你们这样做，这笔奖金只能授予一等奖1人，奖金为5000元；二等奖2人，奖金各2500元。你们将会得到一份关于你们各自所代表部门候选人的事迹、年薪状况及其他一些情况的材料，并且你们已经和各自代表部门候选人的主管谈过，得知他们是有资格获得这笔奖金的。在委员会的讨论中，你们的任务是代表你们各自的候选人去争取更多的奖金，同时帮助薪酬委员会做出最合理的奖金分配决定。

【答题思路】对于资源争夺题目，没有固定的标准答案，小组成员在讨论中关键是制定一个合理的选择标准，根据标准进行讨论作答，避免无谓的争论浪费时间。为了避免掉入无限争论的陷阱，考生需要掌握一定的技巧才能在面试中脱颖而出。具体技巧有：

（1）"晓之以理，动之以情"。对于资源争夺题目，考生都希望自己能够争取到有限的资源，但要注意不仅要讲道理，还要用真情打动他人。在肯定对方观点的基础上，要突出强调自己项目的时间紧迫性、可行性、效果性等。

（2）以解决问题的心态参与讨论。考生在面试过程中要积极参与讨论，但是要记住无论资源最终归属谁，都应该以解决现实问题为核心导向。

（3）有全局观。在讨论过程中，大家都是以争取资源为目的，但是资源是有限的，总会有人争取不到，为了防止无限争夺资源导致的不能按时完成讨论的混乱情况发生，考生需要在适合的时机做出让步，把小组的利益放在个人利益之前。

四、开放式问题

1. 马云的成功是因为他的孔雀型领导风格，请具体分析。

【考点解析】考查对领导风格的理解。

【答题思路】首先是审题，把题目中的关键词"马云""孔雀型""领导风格"分别定义。其次，领导风格在不同的企业、不同的人身上的展现是不同的，分析其利弊，结合自己的管理体验去分析。在表达上要多写一些不同的思路，便于讨论中有足够的展现素材。

2. 公司刚开始薪酬激励对人才引进是有用的，后面就不管用了，分析其原因和解决办法。

【考点解析】考查团队管理、团队激励的经验和思考。

【答题思路】首先是审题，把题目中的关键词"薪酬激励""人才引进""不管用"分别定义。结合企业的发展阶段、组织结构、管理文化等，来分析问题背后的潜在原因。在整理观点时，要考虑企业发展的不同阶段、不同的文化、组织特点、行业特性、薪酬激励的短期和长期策略，以及其利弊等因素，尽可能多地列举个人观点，最后给出解决办法。

3. 如何看待 OFO 的衰退以及原因？怎么看待共享经济？

【考点解析】考查对 OFO 等新兴商业模式的了解和思考。

【答题思路】最好能谈出新的模式的本质，比较以往的模式其优势、劣势，以及在经营管理中出现的问题。是什么导致的衰退？从中吸取的经验教训是什么？对于共享经济，定义是什么？怎样的模式可能是值得去推广的？推广中的关键点，比如技术壁垒、运营能力、领导层性格特点等。

4. 特斯拉如何继续中国梦？本土企业如何应对市场？

【考点解析】考查在世界经济体系下，对全球竞争的理解，对品牌竞争的思考，对本土企业发展的关注和思考分析。

【答题思路】如果对特斯拉很了解，可以从特斯拉展开说。如果不够了解，就站在用户角度去理解特斯拉的价值，以及影响用户选择的因素。可分析本土企业在国际竞争中的优劣势，列举一些国内品牌的发展思路、潜在的机会和挑战。

5. 互联网发展到今天，一个不好的苗头需要警惕：各种网络谣言频频出现。论坛的开放，博客的普及，微博、微信的运用……互联网技术的革新使世界进入人人都有麦克风的时代，但人人都有麦克风，绝不等于人人都可以乱放风。你被忽悠过吗？你认为网络谣言为什么有市场？该如何整治？

【考点解析】小组面试问题通常没有标准答案，关键在于能够通过题目看到考官想要考查的本质，并通过有条理的语言表述，突出优势。就本题而言，小组成员间形成对立观点的可能性比较小，本题考查也不是辩论类的考点，而是希望考生通过通力合作，完善、优化答案。

【答题思路】作为讨论的成员，一方面要结合生活的实际，提供言之有物的论点、论据；另一方面，要结合其他成员的内容进行归纳，突出整合的能力。

就内容分析而言，为了让语言表达更有逻辑，谣言传播的原因可以从不同的主体进行分析，比如个人、市场、监管等方面；同理，整治的途径也可以如此。

6. 谷歌采取弹性工作制，认为自由的管理方式能够带来创造力，请讨论哪些企业或者岗位适合弹性工作制。

【考点解析】关键在于能够通过题目看到考官想要考查的本质，并通过有条理的语言表述，突出优势。

【答题思路】这道题目并不需要十分深入的分析，在小组讨论的过程中更多的是需要小组成员集思广益，借由各个考生不同行业的背景进行充分讨论，探讨出适合弹性工作制的岗位的特点，并进行总结。

7. 针对不听话员工，你的对策是什么？

【答题思路】首先是审题，找出题目中的关键词"不听话""对策"。给出你对下属的分析和关系处理的经验，展现人性化、关怀的、激励的等你个人特色的管理风格，在此基础上建立的团队的氛围。对不听话的定义，背后的原因，是性格叛逆，还是对某件事有不同的观点和想法，进而去选择、沟通，直接或间接地影响他，或者按制度处理。

五、操作式问题

1. 要求用 Photoshop 软件为政府网站设计一个新闻照片的背景，看谁的设计有创新或者可以在设计过程中互相协作（这种测试是需要在现场就实际操作出来的）。

【答题思路】主要考查考生的主动性、合作能力以及在实际操作任务中所充当的角色。要求考生思路合理、精诚团结、节约资源、讲求效率。

2. 给每个小组一个鸡蛋、一些吸管和胶带，请小组在 20 分钟时间内想出一个办法，利用这些资源，让鸡蛋从 2 米的高空掉下来而不碎。最后选出一个人做演示和总结，并请每一个人对自己刚才的表现做总结。

【答题思路】成功完成任务；尽量节约资源。

第八章 英语口语面试

第一节 自我介绍指导

有些学校在考生个人面试阶段会要求考生做英文自我介绍,因此,考生在准备自我介绍时要准备好中英文两份。考生可结合个人面试中的自我介绍和下文的内容来准备英语面试中的自我介绍。

> 做自我介绍时,开头可以只用一句话引入。
> Dear professors, I feel so glad to meet all of you here.
> 然后就可以进入主题,介绍姓名、年龄等。
> My name is ××, and my English name is ××. I've finished my undergraduate education in ××University, Majoring in Electronic Science and Technology in the college of Technical Physics.

> 介绍自己的性格、爱好、特点和经历。
> 介绍自己的性格时,可以从你的性格对你报考的专业有何积极的作用入手。比如报考的是研究性、应用性更强一点的专业,可以说自己负责 (responsible)、可靠 (dependable)、有效率 (efficient) 等。
> 强调你对学习的重视时,也要避免给考官一种"书呆子"的感觉。一般可以从体育、音乐、电影等方面来说,同时要简单说明这些爱好对你的积极意义 (build my body, relax myself, open my mind…)。
> I am open-minded, willing and have broad interests like basketball, reading and especially in engineering such as software programming, website design, and hardware design.
> For example, during the past four years, I have accomplished two websites: one is the website of our school, and the other is the website of the doctor forum

of China 2007. Furthermore, I am interested in C++ programming language and have written some application programs. In July of last year, I finished my graduate project with flying colors, which was a software application about Image Process. In addition, I have also finished some projects about embedded system by using MCU when I was a junior.

很多考生在自我介绍结束时没有结束语，会造成特别尴尬的局面。因此，一定要加上你的结束语。结束语要礼貌客气。

OK, that's all. Thank you very much.

或 Well, that's who I am. Thanks for your attention.

或 That's all.Thank your listening. If I'm lucky enough to get the chance, I'll devote all myself to my major and focus all my energy on it.

第二节　英语口语面试的基本题型

一、有关个人信息的问题

 1. ① What's your name?（你叫什么名字？）
② What's your full name?（你的全名是什么？）
③ Would you give me your name?（你能告诉我你的名字吗？）
④ How do you do, and you are ××?（你好，你是××?）

① My name is ××.（我的名字是××）
② My full name is ××.（我的全名是××）
③ Yes, I'm ××.（是的，我××）
④ How do you do, I'm ××.（你好，我是××）

2. What can you tell me about yourself？（关于你自己，你能告诉我些什么？）

【答题思路】如果面试没有安排自我介绍的时间，这是一个必问的问题。考官并不希望你大谈你的个人历史，而是在寻找有关你的性格、资历、志向和生活动力的线索。

In high school, I was involved in competitive sports and I always tried to improve in each sport I participated in. As a college student, I worked in a clothing store part-time and found that I could sell things easily. The sale was important, but for me, it was even more important to make sure that the customer was satisfied. It was not long before customers came back to the store and specifically asked for me to help them. I'm very competitive and it means a lot to me to be the best.

3. Could you tell me something about your family？（你能告诉我一些你的家庭情况吗？）

I've been married for 10 years and have a daughter.（我结婚10年了，有一个女儿。）

二、有关个人品质的问题

1. What kind of personalities do you think you have？（你认为你有什么样的性格？）

I think I'm honest and reliable.（我认为我是诚实可靠的。）

2. Do you think you are introverted or extroverted?（你认为你性格内向还是外向？）

 I believe I'm extroverted, easy to approach and friendly to everyone.（我认为我性格外向，容易接近，对每个人都很友好。）

 3. What types of people do you like to work with?（你喜欢和什么样的人一起工作？）

 I like to work with imaginative and creative persons.（我喜欢和富有想象力和创造力的人一起工作。）

 4. What do you think a job is?（你认为工作是什么？）

I think a job is on the one hand a way of making a living, but on the other hand, it is also a very important way to self-fulfillment.（我认为工作一方面是谋生的方式，但另一方面，它也是自我实现的重要方式。）

 5. Are you more a follower or a leader?（你更像是一个追随者还是一个领导者？）

 I think I am more of a leader, but I am team-task minded too.（我认为我更像一个领导者，但我也有团队合作精神。）

三、有关兴趣爱好的问题

 Do you have any special interests other than your job?（除了工作以外，你还有什么特别的爱好吗？）

On weekends, I sometimes go mountain climbing with my colleagues or fishing.（在周末，我有时和同事去爬山或钓鱼。）

四、有关工作经验的问题

 1. What is important to you in a job?（一份工作对你最重要的是什么？）

For example, challenge, the feeling of accomplishment, and knowing that you have made a contribution.（比如挑战感、成就感以及为之做出贡献的满足。）

2. Your resume says you have had some experience working in a foreign representative office in Shanghai, may I ask why you left?（你的简历上说你有在上海的一家外商代表处工作的经验，我能问一下你为什么要离开吗？）

I worked in a foreign representative office for one year. However, I left there two years ago because the work they gave me was rather dull. I found another job which is more interesting.（我在一家外国代表处工作过一年。然而，两年前我离开了那里，因为他们给我的工作相当枯燥。我找到了另一份更有趣的工作。）

3. What have you learned from the jobs you have had?（你从过去的工作中学到了什么？）

I have learned a lot about business know-how and basic office skills. In addition, I learned at my previous jobs how to cooperate with my colleagues.（我学到了很多商业知识和基本的办公技能。此外，我在以前的工作中学会了如何与同事合作。）

 4. Where do you want to be five years from now?（五年后你想达到什么水平？）

In five years, I'd like to have my boss's job.（五年后，我想获得老板的职位。）

5. Would you talk about some of your achievements at work?（你能谈谈你的一些工作成就吗？）

I have been ××× for ABC Company for ××× years. Sales of the item for which I have been responsible have increased by 14% during the last four years.（我在 ABC 公司工作了 × 年。我所负责的产品在过去四年的销售增长了 14%。）

五、有关教育背景的问题

 1. What is your major?（你的专业是什么？）

 My major is Business Administration. I am especially interested in "Marketing".（我的专业是工商管理。我对"市场营销"特别感兴趣。）

 2. What are your major and minor subjects?（你的主修和辅修科目是什么？）

 My major subject is Physics and my minor subject is Practical Mathematics.（我主修物理，辅修实用数学。）

 3. Which university did you graduate from?（你是哪所大学毕业的？）

 I graduated from ××× University.（我毕业于××大学。）

 4. What course did you like best?（你最喜欢什么课程？）

Project Management. I was very interested in this course when I was a student. And I think it's very useful for my present work.（项目管理。当我还是个学生的时候，我就对这门课非常感兴趣。我认为它对我目前的工作非常有用。）

5. How did you get on with your studies in college?（你在大学的学习情况如何？）

I did well in college. I was one of the top students in the class.（我在大学学习很好。我是班里的优秀学生之一。）

第九章 政治面试

第一节 政治面试概述

根据政策要求,所有研究生入学都需要通过政治考试。MBA招生的政治考试一般是和国家政治经济紧密相关的内容。招生推广部一般都会提前公布考试范围。

按往年情况,不通过的学生是少数,但如果不认真对待、没有充分准备,也可能会无法顺利通过政治考试。

(1)时间:各个院校进行政治面试的时间不一定,有的MBA院校会在提前批面试环节进行政治笔试考试,有的院校的政治考试放在了背景评估环节中,还有的院校是放在了笔试分数线公布后的复试环节。

(2)内容:无论什么时候进行政治考试,其考试内容基本包括政治理论及公共管理专业的基本理论以及实际应用能力。原则上是为了更全面了解考生的情况,包括考查其思想政治状况、综合分析表达能力,了解其对专业课以外的其他知识技能的掌握等。

(3)形式:考查方式一般是由本校教师及校外专家组成复试专家小组,准备多套题目,考生以抽签方式随机抽取题目并回答。

第二节 政治面试指导

政治问题其实没有一个特定的回答标准和规范。考生考试前的准备就需要多关注当前的时政新闻,国内国外的时事政治,如十九大报告、中华人民共和国成立70周年等重大的事件。然后把这些材料熟读,这样上了考场就算紧张也能凭借平时的记忆来大致作答。

当拿到一个政治题时,可以先讲这个政治的背景,接着说明一下这个题目想要表达的中心思想,然后陈述自己的观点。陈述观点时可以分成几个小点,这样听着会比较清晰,也更易让考官接受。

政治题的考查主要是看考生对国家政治的关心程度和是否有积极向上的政治观,只要不是太激进的一些片面性言论,合理地阐述自己的观点和目前现状都是可以的。

第三节　政治面试常见问题和答题思路

1. 十九大报告中提出的将如何提高保障和改善民生水平,加强和创新社会治理?

【答题思路】一是优先发展教育事业;二是提高就业质量和人民收入水平;三是加强社会保障体系建设;四是坚决打赢脱贫攻坚战;五是实施健康中国战略;六是打造共建共治共享的社会治理格局;七是有效维护国家安全。

2. 谈谈对中美贸易战的看法。

【答题思路】首先,发表总结观点,中美摩擦的本质在于经济体制的主导权之争。一直重视市场机制和自由竞争的美国正在被加强国家主导的经济运作的中国追上,美国不可能感觉不到威胁。对美国来说,"贸易"只是敲打中国的借口。知识产权保护和人工智能(AI)开发等是中美的争论点。贸易战不存在赢家。

其次,可以评价中美贸易战争对中国和美国的影响。

最后,说明作为中国人我们如何在这次中美贸易战中吸取教训。

3. 如何提高保障和改善民生,加强和创新社会治理?

【答题思路】一是优先发展教育事业;二是提高就业质量和人民收入水平;三是加强社会保障体系建设;四是坚决打赢脱贫攻坚战;五是实施健康中国战略;六是打造共建共治共享的社会治理格局;七是有效维护国家安全。

4. 如何看待共享经济?

【答题思路】首先总结什么是共享经济,共享经济就是将你闲置的资源共享给别人,提高资源利用率,并从中获得回报。共享经济的理念就是:共同拥有而不占有。其次说明共享经济产生的原因，可以从国家政策、经济发展等外部环境着手阐述。最后说明共享经济的利弊，如推动国家经济、企业创新，改变老百姓生活，等等，针对其弊端可以提出相关的措施。

5. 如何看待华为不上市？

【考点解析】首先这是怎么看的问题，可以根据观点陈诉，原因（主客观）分析，最后结合具体背景给出最终结论。

【答题思路】上市本身是一件优缺点并存的事情，如果企业的经营管理者结合企业自身特点来分析认为上市对企业的缺点大于优点，那么不上市则是一个更优的选择。上市的一个主要优势是拓宽融资渠道并降低融资成本。而对于华为这样自身经营状况良好的知名企业而言，其本身的商誉和规模就能对银行等债权人形成有效的担保，所以能够相对容易地获得融资，因此上市的主要优势对于华为并没有绝对的吸引力。相反，不上市可以保证公司的经营决策不受短期及外部因素影响，使公司领导层能够根据企业的长远目标制订计划并不受干预地进行实施——这一点对于华为这样规模庞大、系统复杂的国际化企业尤其重要。

6. 如何健全人民当家作主，发展社会主义民主？

【答题思路】①坚持党的领导、人民当家作主、依法治国有机统一；②加强人民当家作主制度保障；③发挥社会主义协商民主的重要作用；④深化依法治国实践；⑤深化机构和行政体制改革；⑥巩固和发展爱国统一战线。

附录 面试真题汇总

附录一 个人面试真题汇总

1. 你为什么读 MBA？
2. 说一下你的中长期规划。
3. 工作中最大的困难是什么？
4. 有跳槽的打算吗？
5. 你有何优势？
6. 介绍一下你的工作。
7. 你为什么创业？
8. 介绍一个体现你管理、领导能力的成功例子。
9. 你是如何管理团队的？
10. 遇到刺头类型的员工你是怎么处理的？
11. 你做项目遇到过哪些难关？你是如何处理的？
12. 谈谈你对管理的看法。
13. 你是如何激励员工的？
14. 你在公司的定位和价值是什么？
15. 你们公司的业务范围是什么？
16. 在新市场拓展中你遇到了哪些挑战？
17. 为什么转行？
18. 你日常是如何做决策的？遇到上司拍脑袋的决策你怎么办？
19. 做过什么创新性的工作？
20. 如果现在给你一个 95 后的团队，你怎么进行管理？
21. 谈谈你们这个行业的发展潜力。
22. 现在的企业看中了你的哪些特质？
23. 你完善了哪些内部管理制度？

24. 你所负责的工作流程手册对企业的价值是什么？
25. 开始准备笔试了吗？
26. 讲下你的上一份工作，为什么离职？
27. 你们公司是做什么的？市场份额是多少？
28. 描述下你工作中典型的一天。
29. 你觉得你们公司制度上有什么可以改进的地方？
30. 你们公司的产品针对的是市场上的哪些需求？
31. 如何避免成为"劳模"和"打杂人"，体现出个人在工作中的价值？
32. 如何避免工作中的惰性，提高主动性？
33. 怎么看待 VR 产业？
34. 怎么理解创新？在管理中有哪些应用？如何看待共享单车？
35. 如何看待网红？对经济有什么影响？
36. 你在你的公司占股比例是多少？
37. 你现在的年收入是多少？
38. 你现在的领导对你的态度如何？
39. 现在你的下属有多少？在上家公司呢？
40. 有没有做过更高的职位？
41. 如果遇到内部员工利益冲突，你会怎么处理？
42. 给你足够的决策权，谈谈怎么节约项目成本。
43. 为什么推荐信是你上家领导写的，现任领导不认可你的实力吗？
44. BAT 这样的企业，为什么夺取了微软、Google、亚马逊等这些企业的光芒？
45. 谈谈你对鸡头凤尾的理解。
46. 你的公司遇到危机是怎么公关的？你觉得你们公司在处理这件事的时候有什么是可以借鉴的或者你不赞成的？
47. 关于此次中美贸易之争，你怎么看待中兴事件？
48. 现在手机市场一片火海，为什么还有如此多的企业进入手机行业？
49. 你如何看待企业的绩效考核？
50. "一带一路"对你有哪些机遇和挑战？有什么风险？
51. 人才、资金以及市场哪个更重要？
52. 你们公司的组织机构是什么？
53. 你是个有野心的人吗？你的公司未来将按照什么节奏发展？
54. 我们推荐你读 EMBA，你觉得合适么？
55. 为什么越打折越赚钱？

56. 为什么那么多外国的商品上面写着 made in CHINA？
57. 路灯为什么由政府建设？
58. 怎么理解人治和法治？
59. "三鹿奶粉"为什么是贬义词？
60. 如何看待小米上市从破发迅速到大涨的现象？
61. 谈一谈老龄化对中国创新的危害及影响。
62. 你去投标，主办方要给你红包，你如何解决？
63. 谈谈你对黑天鹅事件的理解。
64. 是否因为工作压力过大而萌生不满？
65. 说说你从最近读过的书中获得的最大感想。
66. 你考清华北大了吗？
67. 你们公司在行业内能排多少名？
68. 你们公司将来要成为什么样的公司？
69. 说说你的创业经历。
70. 小黄车随意停车，如果你是领导者，怎么解决？
71. 你看到这个纸杯会想到什么？
72. 想提高利润该怎么处理？
73. 对区块链了解吗？谈一谈。
74. 给你一根铅笔，你想到了什么？
75. 描述下你们公司所面临的竞争。
76. 你们对员工的素质要求较高，你作为高层管理者，都采取什么方式保证员工的素质？
77. 你所在部门的人员集体辞职，作为部门负责人，如何应对？
78. 你材料中提到你之前参加过很多活动和比赛，都是这么紧张吗？
79. 怎样投资自己的？你都做什么了？
80. 像医美、少儿编程这样的好行业，为何会被做烂？
81. 推行 ETC 为什么越来越堵了？
82. 银行业为什么会出现裁员潮？
83. 中国万亿养老产业有什么问题？
84. 希望从 MBA 学习中获得什么？
85. 去过哪些国家？最喜欢的是哪个？为什么？从人文角度去分析这个国家和中国的区别。
86. 作为领导，你是如何理解领导力的？
87. 领导应该对下级的成长负责任吗？

88. 呷哺呷哺的危机公关是如何处理的？
89. 你觉得思维过于敏捷是好的事情吗？
90. 为什么收入较低？
91. 请从管理角度谈谈"田忌赛马"。
92. 从管理学角度谈谈对霸座行为的看法。
93. 如果一名员工能力很强，但提建议偏激，如何处理？
94. 你是怎么看待 5G 发展的？对你们有什么影响吗？
95. 当前企业面临的往往是瞬息万变的环境，为此经常有人感慨"计划没有变化快"，这是否意味着企业制订计划没有什么意义？你对此有什么看法？
96. 我们都提倡决策应当科学化，但在现实中有许多决策是靠决策者的"直觉"做出的。你认为直觉决策是否科学？是否合理？
97. 冰淇淋哲学：买冰淇淋必须从冬天开始，因为冬天的顾客少，会逼迫你降低成本，改善服务。如果能在冬天的逆境中生存，就再也不会害怕夏天的竞争了。请谈谈你对冰淇淋哲学的思考。
98. 你如何理解企业的国际化战略的概念？并请你谈谈海尔、华为、联想的国际化战略模式。
99. 谈谈你对企业机制的理解。
100. 谈谈你对蝴蝶效应的理解。

附录二　小组面试真题汇总

1. 无印良品进入三线城市，如何看待其利用京东网络进行宣传？
2. 手机工厂里面员工喝醉，与保安产生矛盾，保安辱骂员工，员工也非常粗鲁，最后演变成 1000 多人的冲突，作为一个危机管理部门，你们如何处理此次危机？
3. 公司空降一个总经理，这个总经理就是你自己，首先你做一个调研，再把自己的调研做一个规划，然而会议上有两个资深总经理有不同的意见，其他中高层保持沉默。你如何让这些意见达成共识？
4. 以"逻辑思维"的线上 App "得到"为例，你对移动知识付费是怎么评价的？
5. 汽车零配件厂的人才流失率为什么这么高？老板该怎么办？
6. 互联网的发展"去中心化"，比如区块链，对传统行业有很多影响，许多传统行业会走向消亡，你怎么看？

7. 讨论腾讯、阿里等互联网公司崛起的原因。

8. "老干妈"为什么不上市？

9. 瑞幸咖啡是否是一家成功的企业？

10. 一家企业面临经济下行，需要缩减人员，如何裁员？

11. 目前人才难以招募是传统制造业的发展问题，如何招募优秀的人才从事制造业？

12. 如何利用工业互联网？

13. 给出楼市调控政策，要求讨论些房地产行业与实体经济的关系。

14. 针对汽车零部件产业招工难、员工流失率高的问题，讨论原因和办法。

15. 讨论索尼电子王国的衰退。

16. 抖音的兴起是年轻人误导还是自控？

17. 如何看待学而思的变革。

18. 如何看瑞幸咖啡的迅速发展？

19. 曹操、唐僧、刘备谁更适合做领导者？为什么？

20. 唐僧、宋江、王熙凤谁更适合创业？为什么？

21. 有一个面包店即将破产，存在一些问题（现场考官描述），请根据描述提出解决方案。

22. 管理与技术是企业的两个轮子，以华为、联想、海尔等知名企业为例，讨论如何利用管理与技术这两个轮子。

23. 工匠精神对制造业转型升级有何意义？如何培养工匠精神？

24. 如果你是中层领导，如何与固执的上司和无能的下属沟通？

25. 对于私企来说，到底是提拔内部员工做领导还是从外部招聘更好？

26. 房地产税对房价是否会有影响？谈谈房价的未来趋势。

27. 谈谈对家族企业的看法。

28. 我是董事长，和下属总裁、销售部经理、财务主管一起落水之后，你首先救谁？

29. 你所在的公司需要员工多时就招人，不需要太多员工时就裁人，谈谈对此的看法。

30. 如何评价一个管理层做事具无巨细、事必躬亲？

31. 有人说"政府既是运动员，又是裁判员"，如何理解这句话？

32. 你认为战略决定组织架构，还是组织架构决定战略？

33. 李宁公司是否会凤凰涅槃？为什么？有什么好的建议？

34. 融创收购绿城，宋卫平很快反悔了，如果你是宋卫平，你会怎么做？为什么？

35. 比较阿里、腾讯的企业文化。
36. 比特币是不是货币？
37. 如何理解"知难行易，知易行难"？
38. 公司有一个紧急的项目要交付，时间和资源都不够完成项目交付，你如何处理？
39. 某一个事情，知道领导的想法是错的，该如何影响领导？
40. 如何评价滴滴重新上线顺风车业务？
41. 某品牌要在"双11"策划一个营销活动，从"AARRR 海盗指标"角度给出你的建议。
42. 宝洁市场份额下降，你怎么看待这个现象？
43. 如何看待谷歌用人。
44. 谈谈如何提高员工的敬业度。
45. 谈谈对标准化人才的管理。
46. 某大型电商的网络出了问题，所有产品都成了 200 元，6 小时都是这个状态，你会怎么办？
47. 华为 5G 芯片为什么能够领先全球？
48. 案例：电动汽车公司相关案例。

   问题：你觉得电动汽车未来有没有发展前途？

49. 案例：美图 App 的相关案例。

   问题：应用型和社交型 App 有什么不同？美图 App 如何变现？

50. 案例：麦当劳、海底捞 24 小时营业的相关案例。

   问题：(1) 麦当劳和海底捞为何会决定全天营业？(2) 这种营业模式有什么优缺点？(3) 餐饮企业该如何决策是否采用全天营业的模式？

51. 案例：公牛插座企业发展的相关案例。

   问题：(1) 公牛公司企业定位与营销模式是否契合？效果如何？(2) 公司管理模式具备哪些优越性？

52. 案例：某银行发展历史及市场竞争相关案例。

   问题：分析该银行所处的行业竞争性，并提供该银行未来可行的发展战略。

53. 案例：鸿茅药酒事件相关案例。

   问题：如果是你们公司，你怎么处理这起公关危机？

54. 案例：某公司遇到的市场挑战相关案例。

   问题：在这种困境中，该公司应该怎么做？

55. 案例：某公司发展历程及面临困境介绍，该公司遇到一个被收购的机会。

问题：要不要卖掉该公司？

56. 案例：吉列新推出的"新豪华"车型，定位问题。

问题：（1）这个战略能不能成功？（2）现有的吉列、沃尔沃和新车型三款如何协调？

57. 案例：新东方成都分公司离职潮相关案例。

问题：请给出解决方案和理由。

58. 案例：方太二代接班人茅忠群带领企业发展很好，但是坚决不上市，而且在1999年面对同行业恶意价格战的时候也坚持不降价，做高端品牌。

问题：（1）方太应不应该上市？为什么？（2）如果你是茅忠群，面对1999年的价格战，你会怎么办？为什么？

59. 案例：曹操选太子的相关材料（包含文言文），内容上主要是针对曹丕和曹植的对比，还有尚书的建议及曹操的决策。

问题：（1）曹操选太子的标准是什么？是否合理？（2）对企业选择接班人有哪些启示？

60. 案例：K12行业迅速崛起与社会问题的相关案例。

问题：（1）为什么会产生家长跟风给孩子报班的社会现象？（2）该行业的崛起对经济和人才发展有什么影响？（3）对该现象有什么建议措施？

61. 案例："滴滴打车"与"优步中国"合并的反垄断监管难题。2016年，滴滴出行对外正式宣布与Uber全球达成战略协议，滴滴出行和Uber全球将相互持股，成为对方的少数股权股东。其中滴滴出行将收购Uber全球旗下的"优步中国"在中国大陆运营的品牌、业务、数据等全部资产；Uber全球将持有滴滴出行5.89%的股权，相当于17.7%的经济权益，优步中国的其余中国股东将获得合计2.3%的经济权益。根据媒体转引的报道："优步中国战略负责人柳甄近日在接受媒体采访时表示，目前优步在中国一线城市的市场份额超过40%，在二、三线城市份额超过50%，已经不惧怕号称占据80%市场份额的滴滴。"由于滴滴出行和优步中国都有着庞大的用户量，本次并购自然受到各界的广泛关注。有网友戏称：两家公司经过不断的"烧钱"，未来终于有望成功地以"新垄断"（互联网约车市场）代替"老垄断"（出租车市场）。

问题：从反垄断法角度，探讨该并购给反垄断监管机构带来的难题，以及相关的应对之策。

62. 延迟退休问题是一个涉及公民劳动权、社会保险权益的重要制度，许多现行法的制度实施都依赖于退休年龄的确定，因此应提高退休年龄立法的层级，可以由全国人大常委会就此做出专门规定或制定专门法律。由于许多现行法的制度实施都依赖于退休年龄的确定，因此，一旦退休年龄制度得以变革，一系列相关法律法规需随之进行修改，中国劳动关系学院法学院副院长沈建峰告诉《法制日报》记者，延迟退休年龄政策的出台是一种必然，但因为这项制度涉及每个劳动者的切身利益，制度设计需要考虑实践中不同人群的退休需求。

问题：谈谈延迟退休对社会带来的短期与长期影响。

63. 光辉国际院最新的研究成果显示，促进员工内在驱动力的关键在于满足员工的三种内在需求，自主性（个人责任）、胜任力（能力和效果）和使命感（自我认同）。满足这三种内在需求有助于员工和组织的蓬勃发展。在这种情况下，自主性和胜任力的定义为通过增强独立性、技能和信息，提升做出贡献的机会，这样能够形成一个自我强化的循环，独立性提供了承担风险的机会，无论最终是否能够成功规避风险，过程中获得的经验都能提升胜任力。请根据自己平时的观察与管理经验，对上述三种素质进行排序，并补充一种应该满足的内在需求。

64. 互联网发展到今天，一个不好的苗头需要警惕：各种网络谣言频频出现，论坛的开放、博客的普及、微博的运用、互联网技术的革新使世界进入"人人都有麦克风"的时代，但人人都有麦克风，绝不等于人人都可以乱放风，你被谣言忽悠过吗？你认为"网络谣言"为什么有市场？该如何整治？

65. 下面的调研结果是关于中年员工是否愿意留在现有公司继续发展的情况：工作1年以内的占10%；工作3~6年的占7.5%；工作7~10年的占10%；工作10年直到退休的占45%。针对以上现象，你得到什么启示？如果作为公司的管理者，你觉得应该怎么进行管理？

附录三　英语口语面试真题汇总

1.Who do you like to work with?

2.What kind of partners do you like to find?

3.What are your strengths and weaknesses?

4.What are your expectations for an MBA?

5.As a company CEO, how can you ensure the healthy development of the company?

6.Corporate executive compensation incentives?

附录四　政治面试真题汇总

1. 说一下对"一带一路"的理解。
2. 怎么看待供给侧改革？
3. 如何看待华为不上市？
4. 如何看精准扶贫？
5. 谈谈中国特色社会主义道路的发展。
6. 谈谈你对社会主义现代化建设的看法。
7. 如何看待十九大中有关防止金融风险的相关政策？
8. 谈谈你对中美贸易战的看法。
9. 1992年邓小平南方谈话内容是什么？
10. 为什么中国一直处于社会主义初级阶段？
11. 中国的基本国情、国策是什么？
12. 中国经济的发展由高速增长变为增长缓慢，为什么？
13. 公有制与私有制哪个好哪个坏？
14. 谈谈你对中国三农问题和精准扶贫政策的理解。
15. 怎么看待国家对楼市的调控政策？
16. 你知道张德江吗？
17. 十九大提出要进行改革开放，"一带一路"提倡我们走出去。问题：中国的外交政策是什么？你觉得我们的外交政策给中国和世界带来了什么？
18. 新时期为什么要继续全面深化改革？
19. 当代青年要加强品德修为，谈谈你的想法。
20. 谈谈对创新谋发展的理解。
21. 谈谈对新时代青年担当时代责任的理解。
22. 试论粤港澳大湾区发展规划纲要的发布实施对所在产业未来发展的影响。
23. 中国逐渐步入老龄化社会，谈谈你的理解。
24. 中国的人口老龄化问题和人才的供需失衡问题，给中国制造带来了很大的挑战。请谈谈我国目前的人口问题对我国经济尤其是制造业企业发展的影响。
25. 十九大报告中提出"建设知识型、技能型、创新型劳动者大军，弘扬劳模精神和工匠精神，营造劳动光荣的社会风尚和精益求精的敬业风气"。报告中的"工匠精神"，它是一种职业精神，同时又是职业道德、职业能力、职业品质的体现，是从业者的一种职业价值取向和行为表现。谈谈你对"工匠精神"及其与企业发展之间关系的看法。